KB245734

다시, 젊은 대전

다시, 젊은 대전

충청이
이끄는
대한민국

장철민 지음

메디치

장철민은 대전 사람이다. 대전에서 나고 자랐다. 대전을 체질적으로 익혔다. 그는 이제 40대 초반이지만 귀한 경험을 축적해오고 있다. 젊은 시절 여당 원내대표 의원의 보좌관으로, 30대 후반부터는 국회의원으로 국가와 국민을 가슴에 품고 왔다. 40대 초반인 지금 그는 여당의 재선의원이다. 장철민은 밝고 맑은 성품이다. 밝은 성격은 긍정적 사고를, 맑은 성품은 그릇된 것과 타협하지 않는다.

대전 사람. 고향과 국가를 가슴에 품은 그가 책을 썼다. 진심이 오롯이 담겼으리라.

— 박병석 전 국회의장

노무현 대통령과 제가 함께 꿈꾸었던 국가 균형 발전의 꿈, 그 과제가 장철민이라는 젊은 설계자를 만나 구체적인

지도가 되었습니다. 수도권 1극 구조를 극복하는 일은 선언만으로 되지 않습니다. 이 책에 담긴 구상은 단순한 지역 발전론이 아니라, 대한민국의 허리를 다시 세우는 국가 생존 전략입니다. 장철민이 그리는 '그랜드 충청'은 세종 행정수도를 넘어 대한민국을 이끄는 새로운 심장이 될 것입니다. 그의 담대한 도전을 믿고 지지합니다.

— 이해찬 민주평화통일자문회의 수석부의장

장철민 의원은 국회에서 치열하게 법을 만들고 정책을 다듬어온 실력파입니다. 합리적이고 일 잘하는 의원, 젊으면서도 안정감이 돋보이는 정치인으로 신뢰받고 있습니다. 《다시, 젊은 대전》은 그런 그의 성정과 장점이 고스란히 드러나는 책입니다. 지방소멸의 위기 속에서 '통합'과 '자생적 성장'을 통한 재도약의 해법을 제시한 청사진이라 할 만합니다. 현장의 경험과 전문적 이론에 기반해 지역 문제를 국가 과제로 끌어올리는 진지한 사유와 통찰이 돋보입니다. 이 젊은 리더가 설계한 비전이 지역과 대한민국의 미래를 고민하는 이들에게 반가운 길잡이가 될 것입니다.

— 우원식 국회의장

대전 시정의 책임을 짊어졌던 전직 시장으로서, 도시가 지속 가능한 성장을 한다는 것이 얼마나 어려운 일인지를 잘 알고 있습니다. 그런데 지역에서 가장 촉망받는 젊은 정치인 장철민 의원의 신간을 접하면서, 상당한 가능성을 확인하였습니다. 책에서 강조하듯이 과거의 관성에 머무르지 않고 '충청권산업투자공사'와 '광역교통망'이라는 새로운 틀로 도시의 판을 키우고 질을 높이겠다는 발상은 매우 혁신적입니다. 또한 행정의 칸막이를 걷어내고 상호 협력을 통해 성장의 동력을 만들어내겠다는 장철민 의원의 의지에서 대전의 르네상스를 이끌 준비된 리더의 면모를 확인했습니다.

— 염홍철 전 대전광역시장

대전과 충남은 본래 한 뿌리이고, 하나의 생활권입니다. 제가 도지사 시절 꿈꾸었던 '더 행복한 충청'의 비전이 장철민 의원의 '젊은 충청' 구상과 맞닿아 있음을 확인하며 큰 감동을 받았습니다. 통합은 단순한 합치기가 아니라, 서로의 부족함을 채워 더 큰 하나가 되는 과정입니다. 대전의 기술과 충남의 산업을 엮어내겠다는 그의 구상은 우리 지역이 스스로 설 수 있는 멋진 길입니다. 장철민이라면 이 거대한 통합을 능히 이끌어낼 수 있을 것입니다.

— 양승조 전 충남도지사

저는 오랫동안 장철민 의원을 지켜보며 참으로 '탐나는 인재'라고 생각했습니다. 그는 젊습니다. 단순히 나이가 어려서가 아니라, 세상을 바라보는 시각이 새롭고, 문제의 핵심을 꿰뚫어 보는 통찰이 남다르기 때문입니다. 정치인은 말로 빚을 지고 실천으로 갚는 사람이라고 합니다. 제가 곁에서 본 장철민은 그 누구보다 치열하게 현장을 누비고, 끊임없이 공부하며, 대전의 묵은 과제들을 해결하기 위해 몸을 던지는 사람입니다. 이 책에는 그런 그의 고민과 고향 대전에 대한 깊은 애정이 오롯이 담겨 있습니다.

지금 우리에게 필요한 것은 과거에 안주하지 않고, 두려움 없이 변화를 선택할 용기입니다. 장철민 의원은 이 책을 통해 우리 대전이 나아가야 할 혁신의 길을 당차게 제시하고 있습니다. 그의 글 행간마다 배어 있는 진심과 열정은 읽는 이로 하여금 가슴 뛰는 설렘을 느끼게 합니다.

정치는 결국 사람의 마음을 얻고, 더 나은 세상을 만드는 일입니다. 저는 장철민 의원이 가진 그 특유의 젊은 감각과 스마트한 비전이 우리 대전에 새로운 바람을 일으킬 것이라 확신합니다. 저 박범계도 대전의 미래를 위해 거침없이 나아가는 장철민 의원의 든든한 선배이자 동지로서, 그 길에 기꺼이 함께하겠습니다.

— 박범계 국회의원 (대전 서구을)

《다시, 젊은 대전》에는 대전 지역과 시민을 위한 장철민 의원의 깊은 고뇌가 담겨 있습니다. 우리가 잘 몰랐던 그의 깊은 고민과 대전을 위한 삶의 여정을 생생하게 느낄 수 있다는 점에서 이 책은 장철민이라는 정치인을 이해하는 데 더 없이 훌륭한 도구입니다. 특히 대전에 대한 애정과 관심을 바탕으로 한 그의 정치 인생은 오늘날 청년 정치인 중에서 찾아보기 어려울 정도로 열정과 소신이 가득합니다.

대전의 본질은 과학과 기술, 그리고 사람입니다. 장철민 의원은 이 본질을 가장 잘 이해하고, 산업과 자본으로 연결할 줄 아는 능력있는 정치인입니다. 그가 설계한 '충청권산업투자공사'와 '딥테크 생태계' 구상은 우리 삶과 우리 기업, 우리 지역에 절실히 필요한 대전 맞춤형 경제 청사진이라고 할 것입니다.

이 책은 단순한 에세이가 아니라 대전과 충남을 한국판 실리콘밸리로, 더 나아가 대한민국의 딥테크 수도로 만들기 위한 정교한 정책 매뉴얼입니다. 이 책이 독자 여러분께서 장철민이라는 정치인에 대해서, 또 장철민이라는 사람에 대해서 더 깊이 이해하고 공감할 수 있는 기회가 될 것이라 믿습니다. 내가 알고 있던 장철민, 또는 내가 잘 몰랐던 장철민 모두 이 책을 통해 확인할 수 있는 좋은 기회입니다. 《다시, 젊은 대전》을 통해 이 책을 읽는 모든 분께서 새로운 변화의 바람을 함께 느껴보시길 기원합니다.

— 조승래 국회의원 (대전 유성구갑)

다시, 대전에서 대한민국을 묻다

— 낡은 서울을 넘어, 젊은 충청의 시대로

나는 대전에서 나고 자랐다. 내 유년의 기억 속 대전은 1993년 엑스포의 꿈이 살아 숨 쉬고, 과학자들이 거리를 활보하며, 전국에서 사람들이 모여드는 가장 뜨겁고 역동적인 도시였다. 그러나 서울로 유학을 떠났다가 20여 년 만에 국회의원이 되어 다시 돌아온 고향에서는 그런 모습을 어디에서도 찾기 어려웠다. 도시의 겉모습은 화려한 빌딩으로 채워졌을지 몰라도 속으로는 조용히 가라앉고 있었던 것이다. 청년들은 일자리를 찾아 수도권으로 떠나고, 골목 상권은 활력을 잃었으며, 도시는 '노잼'이라는 자조 섞인 멸칭(蔑稱) 속에 스스로를 가두고 있었다.

처음에는 이것이 대전만의 현상인지, 지방 도시들이 흔히 겪는 보편적인 쇠락의 문제인지 명료하지 않았다. 그러나 국회에서 일하며 법과 예산을 다루고, 지역 곳곳을 누비며 뼈저리게 깨달았다. 대전의 위기는 다름 아닌 대한민국의 위기였다. '서울 공화국'이라는 거대한 블랙홀이 지방의 모든 가능성을 빨아들이고 있는 동안, 정작 서울조차 극심한 인구 과밀과 경쟁에 질식해 가고 있었다. 대한민국은 지금 저출생·고령화와 양극화, 지방소멸과 성장동력 상실이라는 전례 없는 복합 위기의 절벽 앞에 서 있다.

"대한민국, 지금이 최고점인가?" 나는 단호하게 '아니다'라고 말하고 싶다. 서울을 따라 하는 방식, 서울 중심의 성공 신화는 이제 한계에 다다랐다. 인구도, 기후도, 경제도 포화 상태다. 낡은 엔진으로는 더 이상 미래로 나아갈 수 없다. 하지만 우리에게는 아직 긁지 않은 복권이 있다. 바로 대전과 충청이다.

이 책은 그 절박한 위기감과 간절한 희망에서 출발했다. "서울이 아니면 안 되는가?"라는 패배주의적 질문을 거부하고, "대전이 대한민국을 구할 새로운 해법이 될 수 있는가?"라는 도발적인 질문을 던지기 위해서다. 아니, 단순히 질문을 던지는 것을 넘어 구체적인 설계도를 제시하기 위해서다.

우리는 지난 반세기 동안 앞만 보고 달렸다. 산업화라는 기적을 일궈냈고, 민주화라는 위업을 달성했다. 선배 세대의 그 피땀 어린 역사를 마음 깊이 존중한다. 하지만 이제 '추격의 시대'는 끝나고, '추월의 시대'에 접어들었다. 이른바 롤모델이 사라진 시대이다. 새로운 시대를 맞아 우리는 우리만의 생존 전략을 찾아야 한다. 나는 그 해답이 바로 이곳, 국토의 중심 '충청'에 있다고 확신한다.

이 책에서 나는 '그랜드 충청'이라는 새로운 지도를 펼쳐 보인다. 핵심은 '충남-대전-세종-충북 오송 혁신축'을 국가의 코어 근육으로 단련하는 것이다. 이를 위해 내가 오랫동안 공들여 설계한 3조 원 규모의 충청권산업투자공사를 통해 지역의 자본이 지역 기업을 키우는 경제 선순환 구조를 만들고, 충청권 광역급행철도(CTX-a)로 대전과 충남을 30분 생활권으로 묶어내는 구상을 담았다. 대덕특구의 과학기술 역량을 산업화하여 대한민국을 먹여 살릴 딥테크 기반의 '기술 창업 수도'를 건설하는 것, 이것은 단순한 지역 발전 공약이 아니다. 대한민국의 꽉 막힌 혈을 뚫고, 국가의 중심축을 옮겨 나라 전체를 다시 젊게 만드는 국가 개조 프로젝트다.

이 거대한 구상은 나 혼자만의 상상이 아니다. 현장에서 치열하게 고민하는 전문가들의 통찰과 삶의 터전에서 미래를 걱정하는 수많은 시민의 목소리가 이 책의 나침반이 되어주었다. 박정희 시대의 산업화 유산인 대덕연구단지와 노무현 시대의 민주화 유산인 세종 행정도시가 만나는 곳, 과거의 갈등을 넘어 미래를 위해 두 유산이 화학적으로 결합해야 하는 곳, 그곳이 바로 대전이다.

이제 나는 익숙한 정답지 대신, 젊은 설계자 장철민이 써 내려갈 새로운 답안지를 여러분 앞에 내놓는다. 이 책은 대전을 사랑하는 한 시민의 연서이자, 낡은 서울 중심주의를 타파하고 '충청이 이끄는 대한민국'을 만들겠다는 젊은 정치인의 치열한 투쟁 선언문이다.

대전이 다시 뛰면, 대한민국은 미래로 간다. 그 벅찬 여정을, 지금 여기서 시작하려 한다.

2026년, 힘차게 새해를 맞으며

장철민

목차

+ 젊은 대전으로 가는 출발점에서

내 어린 시절 기억은 대전시 서구 가정동에서부터 시작된다. 1983년 내가 태어날 당시에는 행정구역상 중구에 속했던 바로 그 가정동에서…. 해양대학교를 졸업하신 아버지는 나의 성장기 대부분을 대형 선박을 타고 대양을 누비셨다. 컨테이너선 같은 대형 선박을 타고 한번 출항하면 짧게는 1년, 길면 2년 동안 집을 비우셨다. 요즘에는 대형 선박을 타더라도 6개월을 일하면 무조건 휴가를 줘야 한다고 한다. 물론 그 시절에도 1년을 일하면 2달간 휴가를 쓸 수 있었다고 한다. 그런데 그 휴가를 반납하고 계속 일하면 그 반납한 기간 동안에는 훨씬 높은 임금을 받을 수 있어서 그러셨다고 한다. 그 시절의 다른 많은 아버지처럼 내 아버지도 휴식 대신 높은 임금을 선택하실 만큼 치열하게 일하셨다.

점잖지만 승부욕이 강했던 소년

아버지가 외국계 해운회사에 다니셨고, 일터는 대양을 누비는 선박이었기에 사실 우리 가족은 전국 어디에 살든 상관이 없었다. 나중에 듣자니 해양대학교 출신의 아버지 동문들은 주로 부산 근처에 터를 잡았다고 했다. 그러면 왜 우리 가족은 대전에 살게 되었을까? 그 까닭은 당시 나의 어머니 쪽, 즉 외가 친인척이 이곳, 대전에 많이 거주하셨기 때문이라고 한다. 부모님은 결혼하시자마자 부여에서 2년쯤 거주하셨다 한다. 그러다 내가 태어나기 1년 전인 1982년 가정동에 있는 주택을 구매하면서 대전으로 들어오셨다고 한다. 1년 또는 2년에 한 번씩 하선하시는 아버지께서 귀국하신다는 연락이 오면, 입국 당일에 김포공항으로 가족 모두가 마중 나가던 어린 날의 기억이 생생하다.

부모님이 처음 마련하신 가정동 주택은 당시로선 제법 근사하게 조성된 단독주택 단지 안에 있었다. 마당에는 감나무와 대추나무가 자라는 2층짜리 단독주택이었다. 제법 널찍한 주택에 살았지만, 가정동에서는 내 방을 차지할 수 없었다. 손위 누이가 한 명 있기도 했지만, 그 시절에는 외삼촌 두 분이 우리 집에서 함께 살았기 때문이다. 누나와 두 외삼촌이 각각 방 하나씩을 차지하고 나니 나는 내내 엄마와 함께 안방에서 지내야 했다. 그렇게 가정동 집에서 유치원 다닐 때까지 살다 초등학교에 입학할 때 갈마동으로 이사를 갔다. 갈마동에서는 상가주택 건물의 3층에서 살았다. 내가 중학생이 될 즈음 두 외삼촌이 독립하여 우리 집을 떠나면서 나도 드디어 나만의 방을 가질 수 있었다.

가정동이나 갈마동에서 지낸 어린 시절은 아버지를 마중 나갈 때의 설렘을 제외하곤 별로 기억에 남는 풍경이 없다. 그 또래 아이들이 그렇듯 집 주변을 벗어나지 못하고 늘 비슷비슷한 하루하루를 보내서이기도 하겠지만, 내가 활동성이 강한 아이가 아니었던 탓도 컸다. 그래서였을까? 나는 어려서부터 친척이나 동네 어르신들에게서 "허, 그 녀석 꽤나 점잖네", "하이고, 이 녀석은 왜 이렇게 점잖냐" 하는 말씀을 많이 듣고 자랐다.

그런 말씀을 들을 때마다 나는 이해할 수가 없었다. 나는 원래 아이들은 나처럼 가만히 있어야 하는 줄 알았기 때문이었다. 사실 아이들이 한시도 가만히 있질 못하는 존재라는 걸 알게 된 건 한참 더 자라고 나서였다. 원래도 까불지 않는 성격이기도 했지만, 돌이켜보면 아버지가 먼 바다로 일하러 나가셔서 아버지의 부재가 일상인 집이다 보니 내가 어머니를 힘들게 해서는 안 된다는 의식이 어린 마음에도 조금은 자리 잡고 있었던 모양이다.

어린 시절의 나를 떠올리면 꼭 떠오르는 장면이 하나 있다. 유치원을 다닐 때 체육대회의 한 장면이다. 긴장한 채 출발선에 서 있는데, 출발을 알리는 깃발이 올라가고 나자 앞만 보고 정말 죽어라 달렸던 기억이 난다. 그 시절 나보다 달리기를 잘하는 친구가 하나 있었는데, 그 친구의 이름이 무엇인지 집은 어디였는지까지 지금도 기억할 정도이니 아마도 그 친구를 엄청나게 신경을 썼던 모양이다. 그때 찍은 달리기 경주 사진이 아직도 앨범에 남아 있다. 사진 속의 다른 아이들은 어머니가 있는 쪽을 바라보고 달리는데, 나는 아주 진지한 표정으로 결승선만 바라보며 얼굴이 벌겋게 달아오를 정도로 전력 질주를 하고 있다.

한 가지 더 내 어린 시절의 기억에서 빠질 수 없는 것이 있다. 바로 레고의 추억이다. 아주 어린 시절 가정동 집에 살 때부터 우리 집에는 레고가 있었다. 나는 시도 때도 없이 레고 조각을 맞추며 시간 가는 줄 모르고 놀았다. 어찌 생각하면 밥 먹고 유치원 다녀오는 것 외에는 가만히 앉아서 레고를 가지고 노는 것이 주된 일과였다. 어머니가 장을 보러 가실 때 함께 가면 맛난 것도 사주겠노라 해도 따라나서지

어린 시절의 나를 떠올리면 꼭 떠오르는 유치원 체육대회의 한 장면. 어른들 보시기엔 점잖은 아이였지만, 한편으로 승부욕도 강할 뿐 아니라 어느 한 가지에 꽂히면 집중력도 좋았다고 한다.

않았다. 어머니의 기억에서도 나는 늘 레고에 빠져 지냈던 모양이다. 어머니가 어느 날 장을 보시느라 두어 시간이 훌쩍 지나서 집에 돌아왔는데 그때까지 계속 레고 놀이에 집중하고 있더라고 하셨다. 그러다 저녁을 먹자고 부르니 그제야 레고 놀이를 마치고 일어서는데 다리가 풀려서 휘청거릴 정도였다고 하셨다. 가정동에서는 물론 갈마동으로 이사해서 한밭초등학교에 다닐 때에도 레고는 소중한 나의 친구였다.

이렇게 어른들이 보기엔 참하고 점잖은 아이였지만, 한편으로 승부욕도 강할 뿐 아니라 어느 한 가지에 꽂히면 집중력도 좋았다고 했다. 내가 중학교 진학할 즈음에 어머니는 아이들의 장래를 위해 잠시 서울로 올라가야 할지 말지 고민하셨다고 한다. 하지만 결국 그때는 대전을 떠나지 않으셨다. 한때 둔산동으로 이사를 가기도 했는데, 둔산동에서는 오래 살지 않고 곧 다시 갈마동으로 돌아와 훗날 황망히 대전을 떠날 때까지 갈마동에서 줄곧 살았다.

활력이 넘쳤던 성장기의 대전

내가 1983년에 태어났으니 가물가물하긴 하지만 그래도 남아 있는 어린 시절의 기억은 1980년대 후반부터이다. 이후 성장기의 기억은 주로 1990년대의 대전의 모습과 맞물려 있다. 88올림픽을 성공적으로 마쳤기 때문이겠지만, 당시 한국 사회는 영역을 가리지 않고 빠른 성장과 확장으로 나아갔다. 물론 여기에는 1987년 6월 항쟁으로 쟁취한 정치적 민주화가 큰 역할을 했을 터이다. 정치적으로 민주화되고, 경제적으로 성장을 이루면서 국제 사회에서도 제자리를 잡아가는 시점이라서 변화의 흐름은 대한민국 전체를 들썩이게 했다.

1990년대의 대전도 예외가 아니었다. 도시의 많은 것이 급속도로 변화하던 중이었다. 아니, 이 시기 대전의 성장과 변화는 대한민국의 다른 어떤 곳과 비교해도 특별했다. 대전의 성장은 다른 지방 도시보다 좀 더 오래 지속되었고, 좀 더 역동적이었다. 다른 지방 도시들이 주로 1988년 서울올림픽의 시기에 호황의 정점을 찍은 후 수도권 팽창 기조에 밀려 정체의 길로 접어들었다면, 대전에는 좀 더 늦게까지 변혁의 에너지가 남아 있었기 때문이다.

변혁의 에너지가 더 오래 지속되었던 건 물론 1993년 열린 대전 엑스포(EXPO)를 빼놓고는 설명할 수 없다. 지방 도시 대전에 있어 엑스포는 단지 국제행사 이상의 의미였다. 엑스포는 대전의 공간 구조를 다시 짜고, 도시를 연결하는 첫 경험이었다. 당시 대전 엑스포에 투입된 정부 재정

규모는 운영예산과 사회간접자본(SOC) 투자를 합쳐서 약 5,410억 원 규모로 추산된다. 이는 1993년 당시 대한민국 정부의 1년 총예산인 약 38조 원의 1.4%에 해당하는 금액이다. 이를 2024년 정부 예산인 약 656조 원에 대입해보면 약 9조 2천억 원의 자금을 투입한 것과 맞먹는다.

또한 대전 엑스포에는 정부 재정만 투입된 것이 아니다. 민간을 포함한 총투자금액이 약 1조 8천억 원이라 추산되는데, 이를 앞서와 같이 오늘날의 환산 가치로 추산하면 거의 30여조 원에 육박하는 투자가 이루어졌다고 볼 수 있다. 대전 엑스포는 결과적으로 1,400만 명이라는 기록적인 관람객을 유치하면서, 심지어는 소폭 흑자를 달성하면서, 성공적으로 행사를 마쳤다.

이처럼 막대한 자원을 투여한 엑스포를 준비하고 치르면서 대전은 전격적인 변화를 겪었다. 경주에 있는 첨성대를 오마주한 '한빛탑'은 32년이 지난 지금까지도 '과학기술 대전'의 상징으로 우뚝하다. 심지어 '대덕연구단지'는 훨씬 이전에 조성된 공간이었지만, 엑스포 이전까지는 대전과는 별 상관없는 독립된 다른 지역으로 이해됐었다. 그러던 것이 엑스포 부지를 통해 대덕연구단지가 연결되면서 대덕연구단지까지 대전시의 맥락 안에 통합될 수 있었다. 그래서 그 당시 내 또래 중고등학생은 대덕연구단지에

경주에 있는 첨성대를 오마주한 '한빛탑'. 1990년대 대전의 성장은 다른 지방 도시보다 좀 더 오래 지속되었고, 좀 더 역동적이었다. 바로 대전 엑스포 덕분이었다. 한빛탑은 대전 엑스포로부터 32년이 지난 지금까지도 '과학기술 대전'의 상징으로 우뚝하다. (출처: 연합뉴스)

자주 견학을 다녔고, 대덕연구단지 견학이라는 같은 추억을 가지게 되었다.

엑스포공원에서 서쪽으로 길 하나 건너에 있는 '국립중앙과학관'도 학생들에게 큰 영향을 미쳤다. 입장료도 아주 저렴했는데, 심지어는 무료로 관람할 수 있는 날도 많아서 어린 시절 나도 자주 들르곤 했다. 마침 유치원 때부터 레고에 집중하던 소년은 초등학교 때 '과학상자' 시리즈에 집중하다가 본격적으로 과학에 흥미를 느끼게 된 차였다. 당시 국립중앙과학관을 관람하다 보면 자연사에 대한 지식도 섭렵할 수 있었고, 비행기 모형 같은 것을 보면서 두근거리는 마음으로 꿈을 키울 수도 있었다.

그래서 나는 경시대회 유행이 불어닥쳤던 중학교 2학년 때 '수학경시대회' 대신 '과학경시대회'를 선택하기도 했다. 중학교 3학년 경시대회에 나갔을 때 대전에서 3등을 하고, 전국에서는 40등 안에 들기도 했다. 전국대회 준비를 할 때는 대전에서 8명의 학생을 선발하여 교육청에서 따로 시험 준비를 시켰다. 전국대회는 서울대학교 자연대 캠퍼스에서 치렀던 걸로 기억한다. 이때 국가대표도 선발했지만, 나는 거기엔 들지 못하고 장려상을 받는 데 그쳤다.

이처럼 1990년대 대전은 다른 지방 도시와는 달리 '과학도시'라는 집단적 정체성이 빠르게 확산된 곳이었다. 엑스포, 국립중앙과학관, 대덕연구단지 견학은 청소년들에게 '과학'을 동경하도록 했고, 수학경시대회와 과학경시대회 열풍도 바로 이러한 분위기 속에서 자연스럽게 싹 트지 않았나 싶다.

1985년에 지구가 선정되어 1980년대 후반부터 착공된 둔산 신도시도 '엑스포 특수'를 맞아 '아파트 숲'을 조성하며 본격적으로 개발되기 시작했다. 당시 '정부 제3청사'라 불리던 '정부대전청사'도 1997년에 완공되어 서울과 수도권에서 공무원들과 그들의 자녀들이 대전으로 유입되기 시작했다. '둔산 신도시 개발'은 1998년에 법원과 검찰청이 이전되고, 1999년에 중구에 있던 대전시청이 둔산으로 이전하면서 완료된다.

이와 관련하여 내가 다녔던 대전 탄방중학교 시절의 기억을 더듬어 보면, 우리 학교에는 각양각색의 교복을 입고 다니는 친구들이 많았다. 아마도 그들은 모두 중학교 3학년 학생이었을 것이다. 막 전학 왔지만, 졸업도 얼마 안 남은 그들이 굳이 탄방중학교의 교복을 새로 사는 게 낭비라고 여긴 학교 측의 배려로 전학 오기 전 학교의 교복을 입고 다닐 수 있었던 것 같다. 안 그래도 둔산동은 넓은 지역이라 한 학년에 16개의 학급이 있었는데, 그렇게 이사 오는 친구들이 있었으니 중학교 3학년 때는 학급 수가 18개나 됐다.

한 반에 50여 명의 학생들이 다녔으니, 한 학년에 900명이 넘는 학생이 다닌 셈이다. 그 학생들이 거의 고스란히 서대전고등학교에 진학했으니, 서대전고등학교 시절에도 학생 숫자가 많기는 매한가지였다.

하지만 그 시절의 분위기가 21세기를 넘어서까지 지속되지는 못했다. 우리 가족은 내가 고3 때 수능시험을 치르자마자 미처 졸업식도 하기 전에 온 가족이 서울로 이사해야 했다. IMF 구제금융위기 때 아버지가 다니던 해운회사가 도산하였기 때문이다. 이 일로 커리어가 꼬이신 아버지는 부침을 겪다가 인천을 통해 중국을 오가는 배를 타는 일을 맡으셨다. 집안 사정이 그랬으니 나의 대학 입학 여부도 기다릴 수 없었다. 어차피 재수를 하더라도 서울에서 하는 게 더 나으리란 판단이 작용했던 모양이다. 다행히 원하는 대학에 합격하였지만, 태어나서 자란 정든 대전을 쫓기듯 떠나야만 했다.

오래된 액자 속 풍경처럼 정체된 대전

서울로 떠난 이후 나는 대전 출신 또래 친구들에 비해서도 대전을 자주 오가지 못했다. 그래도 몇 년에 한 번씩 학창 시절 친구들을 만나러 찾아오곤 했다. 그때 만난 대전은 예전 같은 변화의 기운을 느낄 수 없었다. 한동안은 찾을 때마다 예전 모습 그대로라서 정겹다고 생각했는데, 나중에는 걱정이 될 정도였다. 도시 공간도 1990년대 중후반에 둔산 신도시가 조성된 이후에는 큰 틀에서 변화가 없었다. 물론 도안 신도시가 생기긴 했지만, 그것은 둔산 신도시처럼 대전의 중심축 자체를 옮기는 수준의 큰 변화는 아니었다.

그사이 나는 대학을 졸업했다. 서울대 정치학과에서 사회와 제도를 관찰하는 방법을 공부했다. 이후 28사단에서 군 복무를 마친 뒤 잠깐 행정고시를 볼까 싶어 고시공부를 했다가 그만두었다. 어차피 나의 목표는 정치인데, 굳이 관료가 될 필요는 없다고 판단해서이다. 이후엔 행정대학원에서 정책이 어떻게 설계되고 집행되는지를 공부했다.

정치 세계에 첫발을 들인 것은 2010년 민주당의 당내 선거 자원봉사자 역할을 하면서였다. 이후 몇몇 선거에서 자원봉사를 한 후 실제로 국회의원의 의원실에 입문한 것은 2012년의 일이었다. 보좌진에 처음 입문했을 때는 '같은 일을 10년 하면 경지에 이른다'고 하셨던 고 김대중 전 대통령님의 말씀을 생각하며 일단 10년을 채워보자고 생각했다. 의원실에서 근무하면서 의원님과 함께 여러 현장에 동행하며 '법과 예산이 한 사람의 삶을 바꿀 수 있다'는 사실을 실감했다. 그 경험은 결국 내가 정치를 직업으로 선택하

대학 입시 결과가 발표되기도 전에 IMF 구제금융위기의 여파로 대전을 떠난 이후 줄곧 서울에서 지냈다. 다행히 서울대 정치학과에서 사회와 제도를 관찰하는 방법을 공부하고, 28사단에서 군 복무를 마친 뒤 잠깐 행정고시를 준비하다가 그만두었다. 어차피 나의 목표는 정치인데, 굳이 관료가 될 필요는 없다고 판단해서이다. 이후엔 행정대학원에서 정책이 어떻게 설계되고 집행되는지를 공부했다.

게 된 결정적 계기가 됐다. 2013년에는 결혼도 했다.

그렇게 국회에서 국회의원을 8년 가까이 보좌하며 현실 정치를 접했다. 들어가서 보니 마침 2012년 대선 정국이라 선임 보좌진들이 대선을 신경 쓰느라 일을 가르쳐줄 시간이 없었다. 도미노 현상처럼 막내인 나에게까지 일이 밀려서 내려왔고, 환경노동위원회 노동 담당 비서관이 된 나는 쌍용자동차 문제, 컨택터스란 이름의 노동조합에 폭력을 행사하던 용역업체 사건, 발전노조 파괴 창조컨설팅 사건, MBC 파업 문제 등의 난장판에 휘말려 아무도 가르쳐주지 않는 상황에서 처음부터 압축적으로 여러 일을 처리해야 했다. 보좌진이 된 지 불과 6개월도 안 되어 예산결산위원회 담당 비서관이 되어서는 더 압축적인 경험을 하기 시작했다. 그래서인지 2012년의 주요한 기억은 온통 야근을 한 것뿐이었다. 하지만 하고 싶은 일을 마음껏 하기 시작하니 밥 먹듯 야근을 해도 뿌듯하기만 했다.

운 좋게도 보좌관 생활 동안 여러 경험을 하다 보니 어느새 내 정치를 하고 싶다는 욕심이 애초의 생각보다 조금 일찍 자라나기 시작했다. 욕심을 실현하려니 내 선거를 치러야 했다. 현실적으로 여러 고민이 있었지만, 마음에 둔 지역구는 처음부터 대전이었다. 나고 자란 도시이니 당연하기도 했지만, 무엇보다 늘 정체된 듯한 이 도시에 새로운 활기를 불어넣고 싶었기 때문이었다. 대전에서도 특별히 '동구'를 선택한 것은 무엇보다 '대전역'이 그 지역구에 포함되어 있어서였다. 대전역은 어쩌면 지금의 대전이란 도시를 존재하게 만든, 그러니까 대전이란 도시보다도 앞선 기관이자 대전의 상징이기 때문이었다.

대전역은 대한제국 시기에 이미 경부선 철도 부설권을 가지고 있던 일제가 러시아와의 전쟁을 앞두고 공사를 서둘러서 1905년에 개통할 때 지은 것이 시초다. 그 이전까지 충청남도를 대표하는 도시는 공주였다. 그에 비하면 대전은 그저 한적한 마을에 지나지 않았다. 그러나 경부선 철도가 놓이고, 대전역이 자리를 잡으면서 일본인들이 이 역을 중심으로 집단 거주하기 시작하였다. 그러면서 지금의 대전이라는 도시로 성장할 씨앗이 뿌려졌다. 1914년에야 일제가 행정구역을 대대적으로 개편하면서 '대전군'이 탄생했으니, '대전역'이 탄생한 이후 '대전'이 형성되었다고 말해도 과언이 아니다. 그런데 지금의 대전역 주변은 매우 낙후해 있다. 이렇게 상징적인 의미가 크고 전국적으로도 가치가 큰 곳의 현안을 풀어보고 싶다는 마음이 컸다.

2020년 제21대 총선 과정과 당선 이후 의정 활동 초기에 나는 새로운 사실들을 알게 되었다. 나는 어린 시절 대전에 살았지만, 미처 본 적이 없었던 낙후된 공간들이 대전의

1970년대나 80년대에서 시간이 멎은 듯한 대전역 주변 광경. 정치를 꿈꾸면서 처음부터 마음에 둔 지역구는 대전이었다. 나고 자란 도시이니 당연하기도 했지만, 무엇보다 늘 정체된 듯한 이 도시에 새로운 활기를 불어넣고 싶었기 때문이었다. 대전에서도 특별히 '동구'를 선택한 것은 무엇보다 '대전역'이 그 지역구에 포함되어 있어서였다. 대전역은 어쩌면 지금의 대전이란 도시를 존재하게 만든, 그러니까 대전이란 도시보다도 앞선 기관이자 대전의 상징이기 때문이었다. (출처: 연합뉴스)

곳곳에 남아 있다는 사실을 말이다. 마치 1970년대나 80년대에서 시간이 멎은 듯한 대전역 주변 공간을 봤을 때, 나는 이곳이 오래된 액자 속의 먼지 낀 풍경 같아서 서글펐다. 특히 2022년에 대전 동구 신안동 한 다가구 주택 1층에서 화재가 나 사망자가 발생했을 때, 국회에서 일하며 보고서와 수치를 검토할 때는 보이지 않았던 열악한 주거환경과 동네 환경을 새삼 확인하게 되었다.

지역구를 대표해서 정치를 하다 보니 '균형 발전'이란 말의 의미도 다르게 다가왔다. 도시가 발전하지 않는다는 것은 죄를 짓지도 않은 사람들을 죄인으로 몰아가는 것과도 같았다. 그들은 그저 남들이 서울이나 둔산으로 이사 갈 때 따라가지 않았을 뿐이다. 그런데 그 순간의 선택 때문에 인생의 경로가 완전히 달라져 자산가치가 묶이고, 노후 경로가 달라지고 말았다. 1990년대에 내린 그들의 선택은 그저 확률을 비교하는 문제였을 뿐이다. 그런데 한순간의 선택이 인간의 삶을 이토록 제약한다는 사실을 새삼 깨닫게 되었다.

2019년에 처음으로 선거를 준비하던 때였다. 대전역 근처에서 항상 찬송가를 부르거나 전단지를 나눠주며 선교를 하는 어르신들을 만났다. 그리고 그분들이 이끄는 대로 한 작은 교회에 방문했을 때 받은 느낌을 잊지 못한다. 작은 교회였지만 생각보다 꽤 많은 사람이 모여 있었다. 대형 교회와는 다르게 노래방 기계 같은 음향 장비 하나 가져다 여러 명이 음정과 박자도 제대로 맞지 않는 찬송가를 불렀다. 하지만 찬송가를 부르는 모습만큼은 너무나도 진지했다. 예배가 끝난 뒤 한솥 끓인 김치찌개에 단출한 식사를 함께 나누어 먹었다. 큰 교회나 성당에서 예배나 미사가 끝난 후 나누는 음식에 비하면 몹시 열악했지만, 나는 그 모습에 울컥했다. 우리 시대에 예수님이 다시 오신다면 부유한 대형 교회에 가시는 게 아니라 바로 이러한 교회의 예배에 오시지 않을까? 대전역은 그렇게 이 땅의 낮은 모습으로 오신 예수님 같은 분들이 참 많이도 기대어 사는 곳이었다.

대전 발전의 발목을 잡던
낡은 정치를 무너뜨린 다윗의 도전

처음으로 선거를 치른 제21대 국회의원 선거에서 마음먹은 대로 대전 동구에서 출마했다. 이때 대전 동구의 선거 양상을 두고 흔히 지역 정가에서는 '다윗과 골리앗의 싸움'이라 불렀다. 상대당 후보는 현역의원으로 지역구에서 국회의원만 2선을 했고, 그 이전에는 구청장까지 지낸 이장우 후보였다. 이른바 지역 정가에서 수십 년 동안 잔뼈가 굵은

'골리앗'이었다. 그에 반해 30대의 젊은 나이에 이 지역구는 물론, 국회의원 선거에 처음 도전장을 내민 나는 '다윗' 쯤 될 터였다. 선거전에 들어갈 당시 우리 캠프는 열악하기 짝이 없었다. 좁디좁은 창고를 사무실 삼아 내 또래의 젊은 실무자들 두엇이 각자 자신들의 노트북을 들고 들어와 일을 시작했다.

3선에 도전하는 당시 이장우 의원은 나와 나이 차이도 이십여 년 가까이 났다. 나는 지역에서 '젊음'을 '경험 없음'으로 받아들일까 우려하여 선거운동 내내 '청년'이란 말을 한 번도 쓰지 않았다. 오히려 유권자들 사이에서 '장유유서'가 필요하다는 분위기가 돌지는 않을지 우려해야 할 지경이었다. 대전은 지역 특성상 다른 지역에 비해 '민주당 지지층'과 '미래통합당(현 국민의힘) 지지층'이 뚜렷이 나뉘어 강하게 결집해 있지 않았다. 소위 '인물 보고 뽑는다'는 유권자들이 많은 지역이었다. 나는 우리 지역 유권자들의 이런 성향이 내가 하기에 따라 오히려 좋은 기회가 될 수 있으리라 기대했다.

아무리 봐도 쉽지 않은 선거였다. 누군가의 말처럼 계란으로 바위를 치는 격이었지만, '우리'는 시작할 때부터 진다는 생각은 전혀 하지 않았다. 나와 또래 실무자들은 서로 동지였고, 하고 싶은 일이 있었으며, 무엇보다 대전을 역동적으로 바꾸고 싶었다. 그런 마음가짐으로 하나씩 부딪혀 가자고 생각했다. 우리 캠프의 핵심 메시지는 "젊은 힘으로 대전을 다시 움직인다!"였다. 공보물의 메인 슬로건도 "변화도 힘으로부터!"였다. 혁신도시 지정, 대전의료원 설립, 동구 재개발, 역세권 종합개발 등 대전 동구의 미래를 다시 설계하는 아젠다를 전면에 내세웠다. 나는 선거운동 과정에서 유권자들에게 이 한 가지를 묻고자 했다. "정체된 대전을 다시 성장의 궤도로 올려놓을 세대교체가 필요하지 않은가?"

막상 선거전에 돌입하자 이장우 후보의 골리앗 캠프는 당황하기 시작했다. 토론회에서 나는 이장우 후보 소유의 서울 소재 고가 아파트를 문제 삼았다. 사실 이 건은 이전부터 공개돼 있었는데, 내가 문제를 제기하기 전에는 사람들이 크게 문제 삼지 않았었다. 또한 대전역 앞에 위치한 빌딩을 이장우 후보의 부인이 보유한 것에 대해서도 문제를 제기했다. 이 역시 우리가 새로 밝혀낸 사실이 아니었다. 이런 이슈가 왜 문제가 되는지 생각해보지 못했을 뿐이었다. 하지만 이 사실들은 '대전은 정체되어 있는데, 지역구 의원의 재산은 빠른 속도로 증식하고 있다'는 사실을, 다시 말해 지역구 의원이 지역구의 발전보다 개인의 사익을 추구하는 데 발 빠르게 움직였다는 사실을 증명하는 것이었다.

우리가 그런 문제들을 조목조목 지적하자 상대편 캠프는 당황했고, 이장우 후보는 열받은 것처럼 보였다. 상대 후보는 우리 측의 '네거티브'(?)에 대응하기 위해 내가 지난 8년간 보좌했던 국회의원의 조부가 친일파라는 의혹을 꺼내 들었다. 이것은 아마도 듣는 유권자들로서도 매우 어이없는 공격이었던 모양이다. '골리앗'인 줄 알았던 현역의원이 차마 보기 안쓰러운 공세를 펼치자마자 이 선거가 당초 예측과 다르게 흘러가고 있다는 것을 느끼게 된 이들이 많았다.

반면 우리 쪽에서는 팬데믹 시기에 더 많은 사람이 필요성을 절감한 공공의료기관 문제를 꺼내 들면서 유권자들의 공감을 얻어갔다. 당시 유권자들의 관심이 쏠린 '대전의료원 설립' 공약을 제시하며, '반드시 해내겠다'고 약속드리며 설득력을 얻어갔다. 실제로 당선 얼마 후 대전의료원 설립을 행정적으로 사실상 확정시켰다. 25년을 끌어온 의료원이 대전대학교 인근인 동구 용운동에 319개 병상 규모로 건립되게 됐다. 비록 아직 공사가 착공되진 않았지만 절차가 정상적으로 진행되고 있는 중이다. 이렇게 우리 캠프는 선거 전 내내 "젊은 힘으로 대전을 다시 움직인다!"는 핵심 메시지를 실현할 계획을 공약으로 제시하며 유권자들의 공감을 얻었다.

선거 당일 투표가 종료되자마자 발표된 지상파 방송 3사 출구조사에서는 '1.3% 경합 열세'라는 결과가 나왔다. 하지만 나는 실망하지 않았다. 그간 선거운동 과정에서 겉으로 드러내지 않더라도 민주당의 장철민을 주목하며 기대하는 유권자가 많다는 걸 온몸으로 느낄 수 있었기 때문이다. 결과적으로 출구조사 결과는 뒤집혔다. 경합 열세가 아닌 경합 우세로, '3.45%, 4,151표 차'로 승리를 거두었다. 사실 개표가 진행되는 시점까지도 장철민을 지지하는 이들조차 내가 재선 현역의원 이장우를 꺾으리라 믿는 사람은 많지 않았다. 대전과 대한민국의 변화에 대한 기대와 문재인 정부의 국정 방향에 대한 지지가 모여 이뤄낸 승리였다.

대전 동구에서 민주당의 승리는 16년 만의 쾌거였다. 또한 충청권 전체에서 50년 만에 최연소 국회의원의 당선이었다. 21대 민주당 전체로 보았을 때 비수도권에서 유일한 30대 국회의원이었고, 전략 단수 공천이나 청년 전략경선이 아닌 일반 경선으로 생존한 유일한 청년 국회의원이었다.

국회의원에 당선되어 그렇게 고대해왔던 '나의 정치'의 첫발을 내딛었다. 사실 대전의료원 문제도 지역민들의 민원에 대응한 것이 큰 아젠다로까지 이어진 것이었다. 그래

내가 처음으로 선거를 치른 제21대 국회의원 선거 양상을 두고 흔히 지역 정가에서는 '다윗과 골리앗의 싸움'이라 불렀다. 아무리 봐도 쉽지 않은 선거였다. 누군가의 말처럼 계란으로 바위를 치는 격이었지만, '우리'는 시작할 때부터 진다는 생각은 전혀 하지 않았다. 투표 종료 직후, 지상파 방송 3사 출구조사에서는 '1.3% 경합 열세'라는 결과가 나왔으나 그 결과는 뒤집혔다. '3.45%, 4,151표 차'로 승리를 거두었다. 대전과 대한민국의 변화를 보여달라는 변화를 바라는 시민들의 지지가 모여 이뤄낸 승리였다.

서 먼저 지역구에서 '아파트 민원의 날'을 만들었다. 아파트 단지마다 찾아다니면서, 단지 내 놀이터 부근에서 시민들의 민원을 청취했다. 이때 많이 접했던 민원은 철도 소음 문제, 그리고 교통 관련 민원 등이었다. 녹지 공간 부족, 산책로 정비, 구청 설치 운동기구 노후화 문제 같은 것들도 자주 나왔다. 이런 일들은 관계기관과 협조하여 해결하거나 구의원들과 역할을 분담하기도 했다.

이와 같은 활동이 어느 정도 지역 유권자들에게 인정을 받았는지, 2024년 제22대 총선에서도 역시 현역의원(국민의힘 비례대표)과 대결하며 선거를 치렀음에도 첫 선거에 비해 2.5배의 표 차를 벌리면서 승리했다. 그런데 공교롭게도 첫 선거에서 내게 패했던 그 이장우 전 의원이 지금은 대전시장으로 복귀해서 시정을 담당하고 있다.

낡은 정치는 지금도 계속되고 있다. 나는 낡은 정치에 맞서 시민의 생활에 절실한 민원에 대응하면서도, 더 큰 차원에서 대전이 젊어질 방법과 대안을 제시하고 실천해나가는 그런 정치를 하고 싶다. 그래서 요즘은 아파트 놀이터에서 시민들의 민원을 청취했듯, 도시재생과 균형 발전에 관한 각 영역의 전문가들을 두루 만나서 생생한 조언을 구하고 있다. 이 책에서 제기하는 내용의 상당 부분은 그분들과의 대화를 나누면서 얻은 통찰에서 비롯한 것이다.

대전의 강점을 활용하며 전진해야 한다

전문가들을 만나 그들의 얘기에 귀를 기울여보니, 한결같은 이야기가 있다. 모두 한목소리로 대전에는 다른 지역에는 없는 '역량'이 있다고 한다. 그것도 압도적인 역량이! 따라서 '기회'도 더 많이 남아 있다고 입을 모은다. 전문가들이 한목소리로 이야기한 역량의 원천은 '카이스트(KAIST)'와 '대덕연구단지'이다. 여기서 배출되거나 연구하고 있는 이공계 박사급 인재가 지역에 다수 존재한다는 것은 서울을 제외한 다른 지방 도시는 결코 따라올 수 없는 대전만의 강점이다. 이뿐만 아니라 지역 내에 17개의 대학이 있기 때문에 청년층의 유출 현상도 다른 도시에 비하면 심하지 않다

최근 10년간 충청권의 인구 구조를 보면, 대전의 청년 순유출은 과거보다 빠르게 완화되는 것으로 나타났다. 동시에 충청권인 '세종·충남·충북'은 모두 '청년 인구 순유입 도시'로 전환되었다. 즉, 대전에서 수도권으로 이동하는 청년들이 상당수 있지만, 충청권 전체로 본다면 이 지역은 한국에서 수도권 다음으로 청년, 특히 이공계 인력이 집중되는 권역이라 볼 수 있다. 이 사실은 대전이 '기술 기반 창업도시'로 도약할 가능성이 있다는 핵심적인 근거가 된다. 과

거에는 '노잼 도시'라고 불리기도 했지만, 성심당이 전국적으로 유명세를 타고, 한화 이글스가 선전하면서 그러한 인식에도 변화가 생기고 있다.

이에 비해 이 좋은 조건을 지역 발전의 불쏘시개로 활용할 정책적 비전은 거의 없다시피 한 상황이다. 지금까지 대전은 민간 기업이 성장을 주도했다고 하기 어렵다. 오히려 수도권 포화상태 해소와 과학도시 건설 등 정부의 국책사업을 통해 성장한 도시다. 민간 대기업은 한국타이어나 KT&G 정도밖에 없다. 게다가 KT&G는 '전매청'으로 시작해 '한국담배인삼공사'라고 불리던 공기업을 민영화한 기업이다. 이공계 인력은 많지만, 지역 내에 관련 제조업과의 연결이 부재하다. 이러한 대전의 현실은, 대전은 물론이거니와 대한민국이 재도약하기 위해서 반드시 극복해야 할 부분이다.

한 전문가는 이렇게 물었다. "대전의 20년 후에 대한 상을 그려본 적이 있나요? 대전이 어떤 도시가 되어야 한다고 생각해본 적이 있나요?" 이 질문은 관성대로, 정부가 이끄는 대로 흘러온 대전의 지역 정치에서는 사라진 지 오래다. 물론 지역의 비전이나 산업 정책이 없다는 것이 대전만의 문제는 아닐 테다. 하지만 대전이 가지고 있는 이 좋은 역량을 가지고도 기회를 창출하지 못한다면, 이는 국가 차원의 손실이 아닐 수 없다.

또 다른 전문가는 다음과 같은 시대적 전망을 공유해주었다. "철도의 시대가 돌아왔다(Rail is Back)!" 한때 국가 인프라의 척도가 되었던 것이 철도 가설 정도였다. 그만큼 '철도의 시대'는 자본주의에 기반한 근대화의 상징과도 같았다. 그랬던 '철도의 시대'는 '화물 트럭의 시대'가 열리면서 쇠퇴했다고 했다. 하지만 최근 등장한 고속철도는 철도에 다시 힘을 싣고 있다. 고속철도의 속도는 시속 350km까지 올라왔지만, 자동차의 속도는 그만큼 올라오지 못한다. 즉, 우리 시대의 고속철도는 광역철도망을 통해 공간을 '압축'하고 '재배치'할 수 있는 파괴력을 가지고 있다. '공간을 접어 달린다'는 그 느낌을 붙잡는 이들만이 미래의 가능성을 당겨올 수 있다.

서울에서 한때 쇠퇴했던 서울역, 용산역, 남영역 인근이 다시 재개발되는 추세도 여기에서 기인한다. 이 문제에 관한 한, 서울 역시 유럽이나 일본에 비해 훨씬 뒤처져 있다고 한다. 문제는 서울 이외 다른 모든 지역은 그러한 서울보다도 훨씬 뒤처져서, 철도의 시대가 돌아왔다는 사실도 감지하지 못하고 있다는 것이다. 안 그래도 서울과 지역은 격차가 심한데, 고속철도를 활용하는 공간 재배치에서도 뒤떨어져서야 빨대효과(straw effect)처럼 모든 자원이 서울로 흡수되는 것을 막을 수 없을 것이다.

다시 돌아온 '철도의 시대'는 대전역을 통해 조성되고 성장한 도시, 대전에 크나큰 기회가 아닐 수 없다. 많은 전문가가 한목소리로 '공간'의 문제와 '연결'의 문제를 강조하셨다. 대전은 '대전역-대덕연구단지-세종시-오송역의 연결'을 고민해야만 한다. 이 연결을 통해 대한민국의 성장을 견인하는 새로운 기관차의 역할을 해야만 한다. 나는 지난 2025년 제21대 대통령 선거 때, 기존의 CTX 노선을 이와 같은 비전으로 확장하는 'CTX-a 노선에 대한 비전'을 건의하여 이재명 후보의 대선 공약으로 관철시켰다.

이제 더 늦기 전에 대전과 충청의 미래를 다시 설계해야 한다. 대덕특구의 기술, 카이스트와 충남대학교의 인재, 세종의 행정 역량, 오송·오창의 바이오 산업은 대한민국 어느 도시도 따라올 수 없는 구조적 자산이다. 이 자산들을 하나의 흐름으로 잇는 상상력, 그것이 '젊은 대전, 강한 충청'이라는 비전의 핵심이다. 이 책은 그 상상력을 구체적인 전략으로 제시하려는 시도이다. 또한 이 책에서 제시하는 전략은 대전이 다시 한번 대한민국의 미래를 이끄는 도시가 될 수 있다는 믿음에서 출발한다.

#장철민은 #합니다

젊은 대전의 꿈은 어떻게 가능한가?

- 지방소멸과 국가소멸의 위기
- 수도권 1극 구조와 경부축의 노화
- 멈춰버린 대전의 성장엔진
- '노잼 도시'라는 지조를 넘어
- 스핑크스의 수수께끼: 단절된 것들을 잇다
- 대전은 해답이 아니라 질문이다

1부

저출생과 고령화, 그리고 수도권 1극 구조는 대한민국의 지속 가능성을 뿌리째 흔들고 있다. 경부축을 중심으로 한 과거의 성장 모델은 이제 수명을 다했다. 새로운 성장의 리듬이 필요하다. 이 책은 그 대안으로 대전을 호출한다. 연구와 산업, 행정과 생활이 만나는 도시. 위기의 축소판이자 가능성의 발원지인 대전. 우리는 단절된 것들을 다시 연결해야 한다. 지금 대전은 하나의 해답이 아니라, 대한민국이 다시 던져야 할 질문 그 자체다.

1장

대전의 정체는 대전만의 문제가 아니다

불과 10년 전인 2015년, '지방소멸'(地方消滅) 이 네 글자가 대한민국의 화두로 떠올랐다. '지방소멸'은 일본의 관료 출신 학자인 마스다 히로야(増田寛也)가 만든 개념이다. 2014년, 일본에서 출간된 동명의 도서《지방소멸 – 도쿄 일극 집중이 초래하는 인구 급감(地方消滅–東京一極集中が招く人口急減)》(2014, 중앙공론사[中央公論新社])가 20만 부 이상 팔려나가면서 일본 사회에서 뜨거운 논쟁을 불러일으켰다. 이듬해인 2015년, 한국에도 이 책이 번역 출간*되면서 논쟁

* 《지방소멸—인구감소로 연쇄붕괴하는 도시와 지방의 생존전략》 마스다 히로야 지음, 김정환 옮김, 와이즈베리, 2015. 9. 5. 출간.

이 옮겨붙었다. 이 책의 출간 당시 일본의 합계출산율은 1.4 정도였고, 한국의 합계출산율은 1.2 수준이었으므로 한국에서 더 큰 문제가 발생할 수 있다고 예측됐다.

한국인은 멸종위기종

이로부터 10년이 지난 지금, '지방소멸'이란 예측은 현재진행형이다. 하지만 이 문제의 양상은 훨씬 더 심각해졌다. '지방소멸'의 문제를 넘어서 '국가소멸' 내지는 '민족소멸'을 걱정해야 할 지경으로 치닫고 있기 때문이다. 2015년에 한국은 합계출산율 1.24로 전년 대비 소폭 반등했으나, 그 후 8년에 거쳐 급격한 하락세를 보였다. 2018년에 1.0의 벽이 깨졌으며, 2023년엔 0.72까지 낮아졌다. 심지어는 0.6까지 낮아질 거란 부정적인 전망도 나온다. 다행히 2024년의 합계출산율은 0.75로 9년 만에 소폭 반등했으나 전 세계적으로 유례없는 독보적인 수치라는 사실은 변하지 않는다. OECD 국가 중 한국 다음으로 합계출산율이 낮은 국가는 이웃 나라 일본과 이탈리아와 스페인 등인데, 이들 국가의 합계출산율도 1.2 정도로 한국의 2015년 무렵 수준에 해당한다.

그렇다면 합계출산율 0.7이란 수치가 의미하는 바는 무엇일까? 이해를 돕기 위해 쉽게 풀면 다음과 같다. 편의상 100명의 국민이 있다고 가정하자. 남녀가 반반이라면 50쌍이 된다. 합계출산율 0.7이니 50쌍이 0.7명의 아이를 낳는다는 이야기다. 그럴 경우 태어나는 아이는 35명이다. 즉, 합계출산율 0.7은 '100명의 국민이 한 세대가 지나면 35명의 아이를 낳는다'는 의미다. 다시 한 세대가 지나 앞서 태어났던 35명이 다시 17쌍을 이루었다고 가정하자. 이때 합계출산율이 0.7 수준으로 유지된다면 12명의 아이가 태어난다. 두 세대가 지나는 동안 100명의 국민이 47명의 후속 세대만 남기게 되는 셈이다. 평균수명이 늘어났기 때문에 인구감소가 곧바로 눈에 띄게 급전직하하진 않지만, 청년층 숫자가 2세대 전의 12%에 불과하기 때문에 설령 일정 시간이 지나 합계출산율이 어느 정도 회복된다고 하더라도 급격한 인구감소 추이를 막을 수는 없다.

대체로 많은 국가가 한 국가의 인구를 나이에 따라 세 그룹으로 구분한다. 먼저 0~14세까지 인구는 유소년 인구, 15~64세 인구는 생산가능 인구, 65세 이상의 인구를 고령 인구라고 부르는 식이다. 이러한 인구 구분 기준을 바탕으로 유엔(UN)은 65세 이상 인구가 전체 인구에서 차지하는 비율이 7% 이상이면 고령화 사회(Aging Society)로, 14% 이상이면 고령 사회(Aged Society)로, 20% 이상이면 초고령 사회(Super-aged Society)로 구분한다. 이 기준에 따르면 한국은 2024년부터 이미 초고령 사회에 진입했다.

인구 전문 민간 싱크 탱크인 '한반도미래인구연구원'이 최근 전망한 바에 따르면, 2125년 대한민국의 인구는 가장 극단적인 저위 시나리오에서 현재의 15% 수준에도 못 미치는 753만 명이 될 것이라고 한다. 중위 시나리오의 예측은 1천 115만 명, 가장 낙관적인 고위 시나리오의 예측조차 1천 573만 명으로 현재의 1/3 수준에도 미치지 못했다.

1919년, 우리 조상들이 3.1만세 운동을 벌이던 100년 전 한반도 전체의 인구는 1,600만 명 정도였다. '2천만 한겨레'란 말이 관용어구로 사용됐다. 지금으로부터 100년 후 우리 인구는 가장 낙관적인 시나리오에서조차 200년 전 인구보다 줄어들게 된다. 가장 극단적인 저위 시나리오의 인구라는 753만 명은 심지어 조선 중기 인구 추정치에도 못 미친다. 임진왜란이 발발한 16세기 말 무렵 조선의 인구가 800만~1,200만 명 정도로 추산되기 때문이다.

더구나 2100년 무렵 추정치에서 65세 이상 인구의 비중은 60%에 육박할 것이라고 한다. 만약 이 추정이 틀리지 않는다면, 우리가 지금까지 경험한 적이 없는 세상으로 접어들게 될 것이다. 한마디로 한국인은 '멸종위기종'이 되는 셈이다. 이미 발생한 문제들을 향후 추스르는 것만으로도 우리는 고통스러운 시간을 감내해야 할 것이다. '멸종위기'에 대처할 수 있는 시간도 얼마 남지 않았다.

대한민국에 몰아닥친 초고령 사회의 먹구름도 심상치 않은데, 비수도권 지역은 앞서 이야기한 '지방소멸'의 위기까지 더해져서 한 치 앞도 내다보기 어려운 지경이다. 합계출산율을 높여 초고령 사회에서 벗어나는 일도, 지방소멸에 맞서 대한민국 전체의 균형 발전을 이루는 일도 모두 대한민국의 미래를 위해서 간과할 수 없는 과제다. 극단적인 출산율 저조와 초고령 사회가 국가의 존속 여부를 위협하는 '국가소멸'의 문제라면, '지방소멸'은 모든 비수도권 지역의 존속을 위협하는 문제이다. 충청권 역시 자유로울 수 없다.

수도권은 불타오르고, 지방은 사라지고

지방소멸 위기는 어디에서 비롯되었을까? 위기의 진앙은 바로 수도권이다. 자세히 들여다보면 '지방소멸'의 추세와 '국가소멸'의 시나리오는 사실상 긴밀히 연동되어 있다. 내가 대전에서 서울로 옮겨 온 이후 지난 이십여 년 동안 수도권 여기저기에 수많은 '신도시' 단지들이 생겨났다. 그동안 서울의 거주 인구는 다소 줄어들었으나 수도권을 중심으로 경기도 인구는 계속 늘어났다. 그렇게 늘어난 인구가 지방에서 올라온 이들임은 물론이다.

청년세대의 생애주기를 살펴볼 때, 서울은 대학을 통해 20대 초반의 청년들을 빨아들인다. 그런 다음 졸업 후 직장생활을 시작하는 20대 중후반부터 30대 청년들을 경기도로 밷어낸다. 이 때문에 수도권은 초집중 과밀화되고, 부동산 가격은 천정부지로 높아진다. 높은 부동산 비용을 포함하여 생계비를 감당해야 하는 청년들은 쉽사리 결혼할 엄두를 못 낸다. 설혹 결혼하더라도 아이를 갖겠다는 꿈을 가지기는 어렵다. 사정이 그러하니 2024년 서울의 합계출산율은 0.58로 전국 최저다. 당연한 귀결이다. 전국 평균보다 높은 곳은 세종(1.03)과 울산(0.86)이다.

울산과 거제, 두 중공업 산업 도시를 심층 분석한 경남대학교 사회학과 양승훈 교수는 합계출산율이 현격히 떨어지기 시작한 '2015년'에 주목한다. 그의 분석에 따르면, 2015년은 몇 가지 잣대로 봤을 때 의미심장한 변곡점이 있었던 해라고 한다. 특히 이 시기부터 거제의 합계출산율이 확 꺾이기 시작한 것은 결코 우연이 아니라는 분석이다. 그렇다면 그해에 거제에서는 어떤 일이 일어났던 걸까?

2015년은 대우조선이 구조조정에 들어간 해이다. 다시 말해 조선업의 위기가 현실화되면서 '산업 도시 거제'의

대전이 젊어질 방법과 대안을 제시하고 실천하기 위해서 여러 전문가를 만나서 두루 조언을 들었다. 그중 한 분이 경남대학교 사회학과 양승훈 교수다. 울산과 거제, 두 중공업도시의 몰락을 심층 분석한 양 교수에게서는 '구상과 실행의 지리적 분리'가 제조업을 중심에 둔 동남권의 산업 도시들이 경쟁력을 상실하게 된 원인이라는 점을 들었다. 이러한 조언이 대전, 나아가 그랜드 충청이 나아갈 방향을 찾는 나침반이 되어주었다.

위상이 꺾이기 시작했다고 한다. 2010년대 초반 최대 호황을 맞이했던 조선업은 2013년 즈음 STX조선해양(현 케이조선)과 같은 중견 조선소부터 위기를 맞다가 2015년 대우조선의 구조조정을 계기로 본격적인 불황의 늪으로 빠져들기 시작했다. 2015년에는 조선업에서 인건비 감축을 위한 사내하청 노동자 숫자가 절정에 달했는데, 이후로는 그 사내하청 노동자 숫자마저 급격하게 줄어들기 시작했다. 중공업 도시의 일자리가 줄어들면 청년들은 그곳을 떠나게 된다.

그래서 2015년은 부산·울산·경남 지역의 인구가 전반적으로 감소세로 돌아선 시점이기도 하다. 한국 중화학공업의 고용인력이 정점을 찍고 뚜렷하게 감소세로 줄어든 시점이기도 하며, 몇몇 이들의 분석에 따르면 한국 제조업이 중국 제조업체들과의 글로벌 벨류 체인(GVC) 협력에서 이익을 얻은 사실상 마지막 시점이기도 하다. 이는 지역에서 저학력 노동자들이 '제조업에 종사하면서 가정을 꾸릴 수 있다'는 전망을 상실하는 시점이었다고도 해석할 수 있다.

여전히 합계출산율이 전국 평균보다 높은 울산의 사례에서 알 수 있듯이 지방의 제조업 도시가 출산율에 기여하는 바는 적지 않았다. 2015년은 거제와 같은 산업 도시가 울산과 같은 역할에서 이탈하는 시점이었다고 볼 수 있다. 그렇기에 이후 8년 동안 한국의 합계출산율은 '1.2' 수준에서 '0.7' 수준으로 곤두박질친 것이다.

대한민국 전체를 두고 살핀다면 이러한 상황은 '경부선 라인의 공업화'가 한국 경제의 성장을 견인하는 기관차 역할을 하던 시대가 종언을 고했음을 보여주는 것이다. 엔진은 이미 꺼져서 식어가고, 관성으로 달리던 한국 경제가 2015년을 기점으로 현기증 날 만큼의 급감속을 겪었다. 그 충격의 사회적 표현이 곧 '출산 포기'였다. 지방의 일자리가 사라지니 청년들은 더더욱 수도권으로 몰릴 수밖에 없었을 것이다. 이로 인해 수도권의 주거환경은 감당하기 어려울 만큼 고비용 구조가 된다. 그 반면 지방은 같은 속도로 폐허가 되어간다. 이 악순환 고리를 끊지 않으면 '지방소멸'도 '국가소멸'도 막을 길이 없다. 따라서 이에 대한 근본적인 처방이 필요한 시점이다. 대한민국을 새로이 움직일 젊고 힘이 넘치는 기관차가 필요하다. 대전이 나설 차례다.

기회는 4차 산업혁명의 거대한 물결에 있다

왜 대전이 나서야 하는가? 여기엔 시대적 흐름이 존재한다. 4차 산업혁명의 거대한 물결에 올라타는 것 외엔 우리가 위기를 벗어날 방도가 없다. 도식적으로 보자면 한국은 박정희 정부 시절에 국가 주도로 1차 산업혁명과 2차 산업혁명을 압축적으로 수행했다. 이후 3차 산업혁명, 즉 '정보화혁명'은 김대중 정부 시절에 역시 국가 주도로 이뤄냈다. 1997년 겨울, IMF에서 구제금융을 받아야 하는 국가 부도의 위기에 맞선 공세적이고 진취적인 대응이었다.

2010년대 초반부터 시작된 4차 산업혁명의 물결에 대해서도 국가 차원의 산업 정책으로 대응해야 했다. 하지만 이 시기를 이끈 보수 정부의 무능과 안일함이 정책의 흐름을 끊고 말았다. 특히 탄핵으로 물러난 박근혜, 윤석열 두 전직 대통령의 무능과 안일함으로 적절한 정책적 대안 마련의 적기를 놓쳤던 것이 뼈아프다.

인공지능(AI), 로봇, 바이오, 반도체 등으로 대표되는 이 물결은 저출생 고령화로 인한 인구절벽에 대응하기 위해서도 필수적이다. 줄어든 청년 인구로도 사회 전체의 노동생산성을 유지하기 위해서는 인공지능과 로봇의 활용이 필수적이다. 노령 인구가 급증하는 상황에서 건강수명을 확보하기 위해서도 바이오 산업은 중요하다. 제조업은 기존의 블루칼라 노동을 벗어나 사물인터넷(IoT)에 기반한 '스마트 팩토리(smart factory)'로 재설계되어야 한다. 이 모든 과정에 반도체는 빠질 수 없다.

미·중 갈등의 양상에서도 알 수 있듯이 첨단기술 확보, 제조업 경쟁력 유지, 그리고 이에 기반한 일자리 창출은 국가경쟁력의 원천이다. 4차 산업혁명이 만들어낼 변화는 단순한 기술의 문제를 넘어서 사회의 구조를 새로 짜는 흐름 그 자체이다. 그러나 지금의 한국은 이 물결 역시 수도권이라는 좁고 제한된 수조에 가두고 있다. 적극적인 정책 없이는 4차 산업혁명의 효과조차 수도권과 지방의 격차를 좁히는 데 실패하게 될 것이다. 아니 자칫 잘못하면 수도권과 지방의 격차를 좁히기는커녕 더 벌릴 수도 있을 것이다. 이렇게 '수도권은 불타오르고 지방은 사라지는' 경향성이 더욱 심화된다면 현기증 나는 급감속을 반전시킬 수 없다.

양승훈 교수의 《울산 디스토피아, 제조업 강국의 불안한 미래》(2024, 부키)에 따르면, 1990년대를 지나면서 '구상과 실행의 지리적 분리'가 진행되면서 제조업을 중심에 둔 동남권의 산업 도시들이 경쟁력을 상실하게 되었다고 한다. 2000년대로 접어들면서 '천안 분계선'이란 말이 유행했는데, '우수한 엔지니어가 천안 이남으로 내려오지 않는다'는 의미라고 한다. 연구개발(R&D)과 설계를 담당하는 엔지니어들의 공간이 생산직 작업자들이 일하는 생산 현장과 물리적으로 멀어지면서 동남권의 제조업 기반 산업 도시들은 '구상' 기능을 상실하게 됐다. 이후로는 SK하이닉스가 차세대 공장의 입지로 경북 구미가 아니라 수도권의 용인을 선택한 것처럼, 생산 공장마저 수도권으로 옮겨가게 됐다.

그렇다면 기업의 이러한 '수도권 러시'는 막을 수 없을까? 거의 유일하게 이러한 흐름에 제동을 걸 수 있는 곳이 바로 '대전'이다. 왜냐하면 대전에는 엔지니어를 포함한 우수한 이공계 인재들이 풍부하기 때문이다. 대덕연구단지가 위치한 대전 유성구는 '천안 분계선' 이남이다. 하지만 일종의 예외 지역으로 이해된다. 대전은 4차 산업혁명 시대 스타트업 생태계를 혁신하고 유니콘(Unicorn, 기업가치 10억 달러 이상) 기업, 나아가 데카콘(Decacorn, 기업가치 100억 달러 이상) 기업을 키워낼 수 있는 비수도권의 유일한 지역이다. 대전은 그러한 역할을 적극적으로 떠맡으면서, 수도권과 동남권 사이에서 '구상과 실행의 지리적 분리'의 격차를 좁히고 압축하는 역할까지 해낼 수 있다. 그래서 대전이 나서야 한다고 했던 것이다.

물론 대전이 이러한 역할을 잘 해내기 위해서는 몇 가지 전제가 필요하다. 이와 관련하여 '기술 창업계의 미다스 손'이라 불리는 김판건 미래과학기술지주 대표의 지적에 귀 기울일 필요가 있다. 그는 최근 서울 중심의 벤처투자 구조를 근본적으로 바꾸기 위해서 '한국벤처투자'가 대전으로 이전해야 하며, R&D 예산을 30조 원에서 50조 원으로 늘려 딥테크에 집중 투자해야 한다고 역설했다. 또한 그와의 면담에서 놀라운 통찰을 얻을 수 있었는데, 김판건 대표는 딥테크 기업의 성공의 조건으로 '기술'만큼이나 '공간'의 중요성을 크게 강조하였다. 그는 대전에서 연구가 시작되어 기술이 탄생하더라도, 자본을 끌어들이기 위해선 서울로 옮겨가 성장해야 하는 것이 현실이라고 지적했다. 그러면서 그는 이러한 현실을 극복하기 위해선 대덕연구단지 공간이 전혀 다르게 재배치되어야 한다고 역설했다.

그가 대덕연구단지의 공간 재배치를 이야기하는 순간, 어린 시절 견학한 대덕연구단지가 떠올랐다. 건물 사이에 존재하는 널찍한 공간과 풍부한 녹지는 선진국의 표상처럼 보였다. 그곳을 견학할 때 카이스트의 외국인 교수들이 덩치 큰 반려견과 함께 한가로이 산책하는 모습을 마주하면서 '이런 것이 선진국의 풍경이겠지?'라고 생각하곤 했었다. 그만큼 과학에 호기심을 가진 청소년의 눈에 그곳은 대단히 혁신적인 공간으로 여겨졌다.

그런데 정치인이 된 후 지역 발전을 고민하면서 다시 들여다본 대덕연구단지의 공간은 내게 전혀 다르게 다가왔다. 이미 여러 사람의 고충과 민원을 들었기 때문이기도 했지만, 김판건 대표와 면담하면서 그 이유를 정확히 이해할 수 있었다. 이제 그 널찍한 공간과 풍부한 녹지는 각각의 연구동들을 외딴 '섬'으로 분리시키는 비효율적인 공간배치로 보였다. 1990년대의 고시생들이 '되도록 사람을 만나지 말아야 한다'면서 짐 싸들고 절에 들어가서 공부했던 것이 오늘날에는 바람직한 공부 방법이 될 수 없는 것처럼, 시대에 뒤떨어진 풍경으로 다가왔던 것이다.

《지방도시 살생부》(2017, 개마고원)를 통해 한국에 '지방소멸' 담론을 소개하면서 '압축도시'를 해법으로 제시한 중앙대 도시계획부동산학과 마강래 교수 역시 '공간의 재배치' 문제에 대해서 김판건 대표와 거의 똑같은 얘기를 들려주었다. 널찍널찍하게 동떨어진 공간이 아니라, 창업자와 연구자들이 자연스럽게 섞이고 서로의 아이디어를 공유할 수 있는 그런 공간이 필요하다는 지적이었다. 대덕연구단지의 비어 있는 공간은 이제 성장의 동력이 될 수 있도록 새로운 기획으로 채워야 할 곳으로 다가왔다.

대전을 어떻게 활용할 것인가

여러 전문가와 면담을 하면서 대전을 어떻게 활용할 것인지에 대한 생각을 좀 더 구체화할 수 있었다. 공간의 재배치와 연결은 대덕연구단지 내부에서만 이루어져야 할 일은 아니었다. 서장 말미에서 밝힌 것처럼 '대전역-대덕연구단지-세종시-오송역'이 연결되어야 하며, 그 축을 기반으로 수도권을 비롯한 다른 지역과 고속철도를 통해 공간을 압축해야만 한다. 그렇게 '대덕특구'는 '개발'특구가 아닌 '확산'특구로 재정의되어야 한다. 이를 통해 이곳에서의 연구 성과가 스타트업을 거쳐 산업으로 이어지는 생태계가 조성되어야 한다.

세종의 행정자원, 오송의 바이오, 청주의 산업단지가 대전의 기술력과 맞물릴 때, 우리는 하나의 'K-중부산업벨트'를 구축할 수 있다. 대전은 수도권에 상대적으로 가깝기 때문에 간신히 존속하는 지방 도시가 아니라, 별도의 중력을 가진 메가시티가 되어야 한다. 그리고 대전이 그러한 중력장을 발휘할 때에, 수도권과 동남권의 사이에서 균형을 잡으며 대한민국의 도약을 견인하는 기관차 역할을 당당히 맡을 수 있을 것이다.

이제 우리는 인구와 산업의 위기를 바라보는 관점을 바꿔야 한다. 문제는 '출산율을 높이는 제도'와 같은 대증요법으로 해결할 수 없다. 오히려 불타오르는 수도권에서 벗어나 사람들이 머물고 싶은 도시를 만드는 것이 근본 치료다. 대전의 정체를 풀어내는 일 역시 단순한 지역 개발 정책이 아니다. 그것은 한국이 더 이상 수도권이라는 한쪽 날개로만 날지 않게끔 만드는 국가적 균형의 실험이다.

나는 대전에서 정치를 하며 많은 시민을 만났다. 대전 사람들은 보통 대전을 '조용한 도시'라고 부른다. 그러나 그 조용함 속에는 체념이 아니라 잠재된 역량의 평온함이 있었다. 대전 사람들은 연구와 산업, 공공과 민간이 함께 움직이는 도시의 가능성을 품은 채 살아가고 있다. 다만 그 잠재력이 현실적으로 움틀 기회를 만나지 못했을 뿐이다.

어떤 의미에서 대전은 대한민국이 처한 문제적 현실을 고스란히 담고 있다. 수도권과 지방의 경계에 서 있고, 연구와 산업, 공공과 민간의 경계에 서 있다. 따라서 대전을 바꾸는 일은 곧 대한민국을 바꾸는 일이기도 하다. 대전이 젊어진다는 말은 곧 대한민국이 다시 성장의 리듬을 되찾는다는 뜻이다. 그 중심에는 '연결'이라는 단어가 있다. 연구와 산업, 기술과 자본, 중앙과 지방을 잇는 '연결'이다. 대전은 그 연결의 실험장이어야 한다.

정치의 역할은 바로 그 연결을 가능하게 만드는 것이다. 나는 국회의원으로서 '아파트 민원의 날'을 통해 시민들의 생활 문제를 해결해왔다. 그러나 지금은 더 큰 민원을 듣고 있다. 그것은 대전이라는 도시의 미래에 대한 민원이다. 우리는 눈앞의 불편함을 토로하는 것을 넘어서, 도시 전체의 나아갈 방향을 고민해야 한다.

국회의원에 당선되자 지역구 시민들의 목소리를 듣기 위해 '아파트 민원의 날'을 만들었다. 이러한 자리를 통해 시민들의 목소리를 경청하고, 생활 문제를 해결해왔다. 지금은 더 큰 민원을 듣고 있다. 그것은 대전이라는 도시의 미래에 대한 민원이다. 우리는 눈앞의 불편함을 토로하는 것을 넘어서, 도시 전체의 나아갈 방향을 고민해야 한다. 그것이 바로 정치의 역할이다.

이제 정치가 답해야 할 차례이다. 나는 대전을 실험이 가능한 도시로 만들고 싶다. 실패를 두려워하지 않는 도시, 시도 자체가 에너지인 도시로 만들고 싶다. 대전은 여전히 젊어질 수 있다. 그 젊음은 나이의 문제일 뿐 아니라 태도의 문제이기도 하다. 끊긴 것을 잇고, 멈춘 것을 다시 움직이게 하는 그런 태도 말이다. 그렇게 대전이 다시 움직이면, 대한민국도 다시 힘차게 역동할 것이다.

2장

스핑크스의 질문과 연결의 힘

"아침에는 네 발, 낮에는 두 발, 저녁에는 세 발로 걷는 것은 무엇인가?"

스핑크스의 질문

그리스 신화에서 오이디푸스가 테베로 들어가는 길목에서 만난 스핑크스가 던졌다는 유명한 수수께끼이다. 모두가 알다시피 오이디푸스가 제시한 정답은 '인간'이다. 이 수수께끼는 인간의 생애주기를 암시하는 것으로도 유명하다. 갓난아이 때는 다른 동물들처럼 네 발로, 성장하고 나선 두 발로 걷던 인간은 노년이 되면 허리가 굽으면서 지팡이에 의지하여 세 발로 스스로를 지탱한다는 얘기다. 직립보행이 인간을 다른 동물들과 구별하는 가장 큰 특징 중 하나라는 점을 생각하면, 이 이야기는 우리가 언제부터 언제까지 인간일 수 있는가에 대해 묻는 것인지도 모른다. 노화는 우리 신체의 기능을 퇴화시키면서 인간다운 삶을 누리지 못하게 만들기 때문이다.

그렇다면 인간이 직립보행을 유지하게 만드는 힘은 어디서 나올까? 먼저 다른 동물들과 달리 곧게 선 척추를 생각할 수 있다. 사실 직립보행이야말로 인간의 척추에 지속적으로 부하를 주는 진정한 원인이다. 그 때문에 나이가 들면서 척추측만증이나 허리 디스크라 불리는 추간판탈출증 등 척추의 불안정성이 심화된다고 한다. 더구나 나이가 들수록 뼈는 허약해진다. 이러한 증상은 인간이 노년에 들어 '세 발로 걷게 만드는' 주요한 원인일 것이다.

하지만 뼈에만 문제가 있는 것은 아니다. 직립보행을 하면서 생긴 척추의 불안전성 문제 중에는 척추와 척추 주변의 근육과 인대가 끊임없이 유지해오던 긴장 상태가 무너지면서 빗어지는 경우도 많다고 한다. 특히 체간근(體幹筋)이라고도 불리는 코어 근육(Core muscle)은 척추 주변 근육들의 균형을 잡아주면서 상하체 근육과 연결되는 부분이다. 이 코어 근육이 탄탄하게 버텨주면 척추의 형태도 일그러지지 않는다고 한다. 결국 척추의 불안정성 문제를 지연하거나 개선하기 위해서는 상하체 근육과 모두 연결되는 코어 근육의 힘이 중요하다는 뜻이 된다.

인간의 신체에 비유하면, 소위 '경부축'이 대한민국의 척추에 해당할 것이다. 일제 강점기에 개통된 경부선 철도를 포함하여 대한민국의 청년기, 고도성장기에 서울과 부산을 잇는 경부고속도로를 통해 원료, 부품, 자체, 완제품 등 물량이 오갔다. 부산은 항만을 통해 국제 사회, 특히 미국 및 일본과 연결되었다. 성장기의 한국 경제는 일본에서 기술과 부품을 수입하여 한국에서 조립가공을 한 후 완제품을 미국을 비롯한 해외시장에 수출하면서 활로를 열어갔다. 이른바 수출주도형 경제였다.

한강의 기적? 경부축의 기적!

그 시절의 성공을 우리는 흔히 '한강의 기적'이라 부른다. 이는 전후 경제부흥에 성공한 독일에서 먼저 사용한 '라인강의 기적'을 본뜬 말이다. 우리의 수도 서울을 관통하는 한강은 물론 크고 아름답다. 라인강을 포함한 유럽 대부분의 강들보다 도심에서의 너비가 훨씬 넓다. 하지만 독일의 경제성장 과정에서는 라인강을 통해 석탄과 물류의 이동이 있었다. '라인강의 기적'이란 말은 그러한 사정을 반영한 것이었다. 이 점을 두고 생각해보건대, 만약에 '라인강의 기적'이란 말이 먼저 있지 않았더라면, 한국의 기적 같은 경제성장은 '한강의 기적'이 아니라 '경부축의 기적' 혹은 '경부선의 기적'이란 이름으로 불렸을지도 모른다. 청년기, 다시 말해 국민의 평균 연령이 지금보다 훨씬 젊었던 시절의 대한민국은 성장의 그 어마어마한 하중을 경부선 철도와 경부고속도로를 아우른 '경부축'이란 척추를 통해 지탱했다. 젊은이들이 흔히 그런 것처럼 별도의 건강 관리나 운동 프로그램 없이도 튼튼한 신체에서 오는 활력을 통해 성장해 나갈 수 있었다.

이제 한국의 경제성장의 성과는 괄목할 만한 것이 됐다. 세계 GDP 순위로는 2024년 기준 1조 8,700억 달러로 12위이며, 1인당 GDP를 따져도 약 3만 6천 달러로 세계 29위이다. 1인당 GDP로는 일본을 앞질렀으며, 대만과 앞서거니 뒤서거니 하는 수준이다. 2025년 미국의 주간 뉴스 매거진 《U.S.뉴스앤월드리포트(News & World Report)》에서 발표한 국력 순위와 '글로벌 파이어파워'(Global Firepower)에서 발표한 군사력 순위에서는 심지어 프랑스나 일본까지 제치고 세계 6위권에 오르기도 했다. '세계 6위'라는 순위 자체야 우리가 현실에서 쉽게 체감하기는 힘들지만, 놀라운 성과가 있었던 것만큼은 분명한 사실이다.

특히 대한민국의 눈부신 성장세 속에서도 서울의 위상은 독보적으로 높아졌다. 서울은 2024년 '글로벌 파워 시티 인덱스(GPCI)' 조사에서 무려 6위를 차지했다. 서울보다 앞선 순위에 있는 도시는 런던, 뉴욕, 도쿄, 파리, 싱가포르 정도다. 암스테르담, 두바이, 베를린, 마드리드, 상하이 등의 도시보다 서울이 더 앞서 있다. 서울을 포함한 한국 수도권의 경쟁력을 신체로 비유한다면, 이미 세계적인 팔씨름 선수 수준이라고 표현할 수 있을 것이다.

국토 균형 발전에 대한 보수주의자와의 가상 대화

하지만 대한민국 전체의 연결과 균형의 관점에서 봤을 때 대한민국은 어떤 상태일까. 스핑크스의 수수께끼에서 묘사된 '세 발로 걷는' 노년의 상태가 아니라고 단언할 수 있을까? 이 점에 대해 생각해본다면 그리 긍정적인 답을 하기 어렵다. 앞서 살펴보았듯 '경부축의 기적'은 이제 '과도한 수도권 집중'의 부작용으로 돌아오기 시작했고, 이로 인해 경부축으로 연결되었던 동남권 공업단지들조차 정체의 국면에 들어섰기 때문이다. 대한민국의 척추에 불안정성이 가중되다 드디어 등이 굽은 단계로 접어들었다고 볼 수 있다.

우리 민주당은 오랫동안 국토 균형 발전을 주장해왔다. 먼저 고 김대중 전 대통령은 지방자치제 실현을 위해 평생 노력하신 분이었다. 사실 지방자치제는 1948년에 제정된 제헌헌법에서부터 헌법에 규정되어 있었다. 그러나 1960년 5.16 군사쿠데타 이후 중단됐다. 김대중 전 대통령은 1963년 국회의원 당선 이후부터 지방자치제 실시를 요구했고, 1971년에 치렀던 제7대 대통령 선거에서 박정희 전 대통령과 대결했을 때에도 지방자치제 실시를 주요 공약으로 내세웠다. 결국 1990년에 13일간의 단식투쟁을 통해 거대 여당과 김영삼 당시 민자당 대표최고위원을 설득하여 지방자치제에 대한 합의를 이끌어냈다. 그리하여 김영삼 정부 시절인 1995년, 34년 만에 지방선거와 지방자치제가 부활했다. 또한 고 노무현 전 대통령은 '행정수도 이전'이란 공약을 통해 당선됐다. 헌법재판소가 이른바 '관습헌법'을 근거로 수도 이전에 위헌 판결을 내린 후에도 세종시를 조성하여 미래를 위한 불씨를 살렸다. 그 덕에 세종시를 온전한 충청권 행정수도로 완성하자는 구상은 지금도 진행 중에 있다.

이러한 지역 균형 발전 정책의 추진에 대해 보수주의자들은 냉소하는 경우가 많다. 그들은 흔히 이렇게 말하곤 한다. "한국은 미국의 한 주보다도 작은 나라다. 중국의 성 하나보다도 작다. 균형 발전을 굳이 추진해야 할 만한 규모가 되지 못한다. 오히려 효율을 생각하면 수도권에 집중하는 게 옳다."

그러나 나는 오히려 이렇게 되묻고 싶다. "그렇게 작은 나라에서 수도권과 지방이 이렇게까지 단절되고, 격차가 있어야 할까? 오히려 작기 때문에 잘 연결하기만 하면 국토 전체가 효율을 추구할 수 있지 않을까?"

세계에서 비길 바 없는 한국의 수도권 집중

사실 굳이 미국이나 중국처럼 국토가 넓은 나라와 비교를 해본다면, 대한민국의 전 국토*는 그들의 '수도권 규모'와 엇비슷하다. 베이징·텐진·허베이로 구성된 중국의 수도권은 그 면적만으로도 대한민국의 2배 이상이며, 한반도 전체 면적보다도 조금 더 크다. 워싱턴 D.C·메릴랜드·버지니아로 구성된 미국의 수도권도 대한민국 전체 면적의 40%에 육박한다. 한국의 수도권과 비교하면 3배 이상 크다. 즉,

* 여기서는 헌법이 규정한 '한반도와 그 부속도서'가 아니라 실제로 정치적 주권이 행사되는 휴전선 이하의 '한반도 중남부와 그 부속도서'를 포함한 영역을 가리킨다.

대한민국이 미국의 한 주나 중국의 성 하나 규모도 안 된다면서 균형 발전의 필요성을 부정하는 논리를 뒤집으면, 대한민국은 사실상 국토 전체를 그들 나라의 수도권처럼 조성할 수도 있다는 의미가 된다.

미국이나 중국보다 조금 더 우리와 유사한 비교 사례를 찾는다면, 일본과 프랑스를 들 수 있다. 일본은 우리보다는 지방분권의 전통이 강한 나라지만 바로 옆 나라이며, 프랑스는 선진국 중 가장 중앙집권적이고 수도권 집중이 강하다는 공통점이 있다. 국토 면적으로 본다면 대한민국에 비해 일본이 3.8배, 프랑스는 5.5배에 해당하니 우리보다 훨씬 큰 나라들이다. 도쿄·가나가와·사이타마·지바의 '1도 3현'으로 이루어진 일본의 수도권은 우리의 수도권에 비해 1.14배 정도의 규모다. 파리와 7개 데파르트망(département)으로 이루어진 파리의 수도권, '일드프랑스'는 우리 수도권과 규모가 거의 같다(1.01배). 그런데 두 나라에서 전체 인구에 대한 수도권 거주 인구 비율은 일본이 30%, 프랑스가 18% 정도이다. 인구 절반 이상이 수도권에 몰려 사는 한국의 수도권 집중에 비길 바는 아니다.

통계에서 발견할 수 있는 또 하나의 문제가 있다. 바로 수도권의 GDP 집중도다. 일본의 수도권 GDP 집중도는 약 37% 수준으로 추정된다. 일본은 도쿄권 포함 3대 메가

클러스터를 가졌다고 평가받는 나라답게 수도권 비중이 절대적이지는 않다. 하지만 수도권이 인구 비중에 비해 더 높은 GDP를 생산하는 효율성을 발휘하고 있다. 프랑스는 산업 구조상으로는 한국보다 더 강고한 수준의 1극 구조를 가지고 있다고 평가받지만, 수도권의 GDP 집중도는 약 30% 수준으로 인구 비중인 18%보다 월등히 높다. 즉, 프랑스는 1극 구조는 강고할지언정 수도권이 인구 비중보다 훨씬 효율성을 발휘해서 GDP를 생산한다고 볼 수 있다.

반면 한국은 전체 인구에 대한 수도권의 인구 비율이 52%이다. 이처럼 다른 나라에 비해 월등히 높은 수도권 집중도도 문제가 되지만, 수도권의 인구 집중도와 GDP 집중도가 사실상 엇비슷한 수준이라는 것이 더 큰 문제이다. 다시 말하면 수도권이 효율성을 발휘한다고 보기도 어려운 상황이라는 뜻이다. 한국의 수도권 집중도는 '수도권이 효율적이라서' 나타난 사태가 아니라 그저 '인구가 집중'되었기 때문에 그만큼의 GDP 집중도가 따라오면서 여러 문제를 일으키는 경우라고 볼 수 있다. 다시 국가 경제를 신체 생리학적으로 비유한다면, 과도하게 높은 수도권 집중도가 내부적으로는 동맥경화를 일으키고, 국가의 허리가 휘어지는 척추 불균형을 발생시키고 있다고 할 수 있다.

국토가 좁아서 더 문제인 수도권 집중 현상

더 심각한 문제는 국토가 넓은 프랑스와는 달리 한국의 과도한 수도권 집중은 지방에 훨씬 파괴적인 영향을 미친다는 것이다. 프랑스 제2, 제3의 도시로 분류되는 리옹이나 마르세유는 인구가 100만 명 미만이며, 광역권 인구까지 합쳐도 160~170만 명 정도에 불과하다. 그래서 얼핏 비교하면 인구 300만 명이 넘는 남부권 도시인 부산이 있는 한국의 사정이 더 나아 보일 수도 있다.

그러나 이 비교는 거리 감각을 넣어 생각하는 순간 완전히 뒤집힌다. 리옹은 파리에서 약 470킬로미터 떨어져 있다. 한국 기준으로 보면 서울-부산(약 330킬로미터)보다 더 먼 거리에 있는 도시다. 마르세유는 파리에서 약 775킬로미터 거리에 있다. 서울-목포(약 340킬로미터) 간 왕복 거리보다 더 떨어져 있다. 남프랑스의 휴양 도시 니스는 파리에서 약 930킬로미터 떨어져 있는데, 이는 한국인의 감각으로 보면 서울에서 일본 규슈나 오키나와에 갈 만한 거리다. 즉, 리옹과 마르세유가 지방 대도시로 살아남는 이유는 그 도시들이 파리와 거리상 너무 멀어서 자연스럽게 그 영향권 밖에 놓이기 때문이다. 프랑스의 지방 자율성은 정치적 의지의 산물이라기보다 국토가 넓어 중앙이 물리적·경제적으로 간섭하기 어려운 거리의 구조적 산물인 셈이다.

반면 한국은 전혀 다르다. 만약 부산의 인구가 리옹이나 마르세유처럼 축소될 정도라면, 그 도시들은 이미 서울의 생활권·경제권 안에 완전히 흡수되었을 것이다. 한국 같은 좁은 나라에서 지방 도시가 인구와 경제의 자립을 잃는 순간, 그 도시는 순식간에 수도권에 녹아든다. 한국은 국토의 넓이 때문에 프랑스처럼 1극 국가에도 불구하고 지방의 자율성이 유지되는 구조를 도저히 만들기 어렵다. 그래서 우리는 프랑스와는 전혀 다른 접근이 필요하다. 프랑스가 '거리' 덕분에 균형을 보존했다면, 한국은 '거리'가 아니라 '연결'로 균형을 만들어야 한다. 좁은 국토의 한계를 장점으로 바꾸려면 도시들을 하나의 유기체처럼 연결해야 한다.

'대전-세종-오송' 축을 국토의 코어 근육으로

앞에서도 언급한 바 있지만, 《지방도시 살생부》를 통해 한국에 '지방소멸' 담론을 소개하고 압축도시를 해법으로 제시한 중앙대 도시계획부동산학과 마강래 교수와 면담을 하면서 이러한 생각을 정리하는 데 큰 도움을 얻었다. 마강래 교수는 현재 대전과 세종은 각각 부족한 면이 있다고 전제한다. 그렇기 때문에 교통 인프라를 확충하여 두 도시를 서로 연결하여야 큰 힘을 발휘할 거라고 진단한다. 대전의 과학기술과 세종의 행정 기능이 결합할 때 시너지를 창출할 수 있으리라는 뜻이다. 그리고 대전과 세종을 잇는 그 '축'을 더 확장하여 오송역까지 결합시켜야 국토의 여러 방향으로 뻗어나갈 수 있는 명실상부한 축이 형성될 수 있다고 진단한다. 현재도 대전에서 세종까지는 같은 생활권이라 볼 수 있으니 이러한 구상을 실현하는 일이 어렵지는 않을 것이다.

이럴 경우 대전역, 대덕연구단지, 정부세종청사, 그리고 오송역이 자연스럽게 연결된다. '대전-세종-오송'이 하나의 축으로 형성되면 오송 북쪽으로 오창과 청주까지, 남쪽으로 공주와 익산으로까지 연결될 수 있다. 더 나아가 천안-아산-평택-수원으로 이어지는 산업기술벨트와도 맞물릴 수 있다. 그야말로 코어 근육이 상하체 근육을 연결하듯 한국 전체의 연결망을 강화하는 기점이 되는 셈이다.

최근 마강래 교수는 '한국이 결국엔 하나의 거대한 도시국가로 수렴할 것'이라는 미래 예측을 내놓고 있다. 현재 민주당의 국토 균형 발전 정책은 '5극 3특'으로 요약된다. 5극은 수도권, 동남권, 대경권, 중부권, 호남권이며 3특은 강원·전북·제주특별자치도에 해당한다. 하지만 마 교수는

중앙대학교 도시계획부동산학과 마강래 교수님. 이 분은 내가 대한민국의 코어 근육으로 '대전-세종-오송 혁신축'을 구상하는 데 큰 영감을 주셨다. 그는 자칫 대한민국이 '하나의 거대한 도시국가로 수렴할 수도 있다'고 경고하며, 이를 경계하여 대한민국의 수도권 1극 국가로 가지 않을 방법으로 바로 이 '대전-세종-오송' 축을 바로 세우는 일이라는 통찰을 제시해주었다.

시간이 지나면서 5극은 대수도권, 동부권, 서부권의 3극이 되었다가 결국에는 대수도권과 남부경제권으로 이원화되는 2극이 될 것이라고 전망한다. 이는 전망일 뿐만 아니라 '수도권 1극 국가가 되어서는 안 된다'는 비전 제시이기도 하다. 이 비전을 실현하려면 어떤 형태로라도 '대전-세종-오송' 축의 역할이 매우 중요해진다. 코어 근육이 연결되고 건재해야 '척추가 무너지고 허리가 굽는' 노화를 방지할 수 있는 것과 같은 원리다.

마강래 교수의 제언은 내가 몇 년 전부터 추진하고, 지난 대선 때 이재명 대통령 후보의 공약에 포함시키기도 한 CTX-a 노선의 아이디어와도 통하는 부분이 있다. 현재의 CTX 노선은 정부대전청사에서 출발하여 정부세종청사를 거쳐 청주 시내와 청주공항까지 연결한다. 7시에서 2시 방향으로 간다고 볼 수 있다. 한편 우리가 병행하여 추진 중인 CTX-a 노선은 대략 4시에서 10시 방향으로 올라가는 노선인데, 마 교수가 위에서 말한 연결망에 거의 합치한다. 구체적으로는 '옥천-대전-세종-공주-당진' 노선에 해당한다. 새로운 시대를 열어갈 젊은 대전의 도시계획은 대덕연구단지의 공간 재배치로 시작하여 내부의 연결을 추구해야 하며, 대전 외부의 세종-오송으로 연결되어야 그 힘을 제대로 발휘할 수 있다는 결론에 이른다.

혁신도시에서 도심융합특구로

이처럼 '연결의 힘'을 추구하는 정책은 '혁신도시'에서 '도심융합특구'로 확장되고 있는 최근의 정책의 흐름과도 잘 부합한다. 기존의 혁신도시 정책은 여러 좋은 취지에도 불구하고 기본적으로는 서울과 수도권에 있던 공공기관을 각 지방으로 이전하여 재배치한다는 성격이 강했다. 애초 수도권에 집중된 자원을 나누자는 것이 정책의 주된 목적이어서 지방 도시의 경쟁력을 강화시키는 데까지 이르지 못한 한계가 있었다. 특히 여러 군데에 혁신도시가 지정되면서, 한정된 공공기관의 숫자를 두고 일종의 제로섬 게임을 벌여야 했던 것도 사실이다.

반면 국토부가 최근에 제시한 개념인 '도심융합특구'는 공간의 재배치와 연결을 통해 도시 경쟁력 자체를 향상시키겠다는 취지에서 출발한다. 비유하자면 잡은 물고기를 나눠주는 것이 아니라 낚시하는 방법을 알려주는 정책인 셈이다. 다만 대전의 경우 특구 역시 이미 여러 군데 지정되어 있어서 시민들이 그 정책에서 효능감을 체감하지 못하는 경우가 많다. 연구특구, 산업특구, 융합특구 등이 겹쳐 있다. 유사 목적의 특구가 중복 지정되어 정책 효과가 분산되고 있으며, 연계 사업의 부재로 지역별 차별성이 약화된

대전이 대한민국의 성장을 견인하는 새로운 기관차 역할을 맡기 위해서는 연결이 중요한다. 이를 위해 기존의 CTX 노선을 '대전역-대덕연구단지-세종시-오송역의 연결'이 될 수 있도록 확장하는 'CTX-a 노선에 대한 비전'을 건의하여 2025년 제21대 대통령 선거 때 이재명 후보의 대선 공약으로 관철시켰다.

다는 지적은 뼈아프다.

제로섬 게임에 빠지지 않고 대전의 경쟁력을 높이기 위한, 그래서 대한민국을 다시 뛰게 할 도시 정책이 되려면 나눠먹기식 개발이 아니라 '연결의 힘'을 믿고 공간을 압축하는 혁신적 해법이 필요하다. 현재의 '도심융합특구법'은 대전역 일대 134만 제곱미터 규모의 부지를 특구로 지정하였는데, 오래된 도심에 산업과 문화와 주거를 함께 심는 작업으로 기획되고 있다. 철도의 역할이 다시 중요해지는 시대에 대전역 주변의 밀도를 높인다면 우리가 앞서 비전으로 제시했던 코어 근육으로부터 확장되는 연결망을 실현할 수 있을 것이다.

리서치 트라이앵글 파크에서 얻은 통찰

마강래 교수는 미국 노스캐롤라이나의 '리서치 트라이앵글 파크(Research Triangle Park, RTP)'의 사례를 들며 대전이 도심융합특구를 통해 다시 재배치되고 연결되어야 하는 이유를 설명했다.

'리서치 트라이앵글 파크'는 사실 대덕연구단지를 만든 방식과 동일한 방식으로 1959년에 조성된 외곽형 연구단지 모델이었다. 단지 조성 이후 2000년대까지는 주거·상

'도심융합특구'는 공간의 재배치와 연결을 통해 도시 경쟁력 자체를 향상시키겠다는 취지에서 출발한다. 비유하자면 잡은 물고기를 나눠주는 것이 아니라 낚시하는 방법을 알려주는 정책인 셈이다. 현재 대전역 일대 134만 제곱미터 규모의 부지는 '도심융합특구법'에 따라 특구로 지정되었다. 오래된 도심에 산업과 문화와 주거를 함께 심는 작업이 될 것이다. 철도의 역할이 다시 중요해지는 시대에 대전역 주변의 밀도를 높인다면 우리가 대전의 비전으로 제시했던 코어 근육으로부터 확장되는 연결망을 실현할 수 있을 것이다.

업·문화 기능이 금지되고, 연구동과 주차장만 있는 단일용도의 구역이었다. 그래서 모든 이동을 자동차에 의존했고, 결과적으로 '낮에는 출근하지만 밤에는 텅 비는 도시의 섬(Island of labs)'이 되었다는 것이다. 그러나 이 구조는 시간이 지날수록 심각한 문제를 일으켰다. 인재가 머물지 않고, 연구 성과가 지역 산업·창업으로 연결되지 않았다. 연구와 산업 간의 교류와 네트워크가 사라지고 말았다. 그러다 보니 생활환경은 갈수록 단조로워졌으며 기업 유치는 정체됐다. 즉, '연구는 많지만, 혁신은 없는' 공간이 되었던 것이다. 이는 오늘날 대덕연구단지가 겪는 문제와 정확히 일치한다.

RTP는 결국 2010년을 경과하며 대대적인 전환을 시작했다. 주거·상업·문화·연구를 결합한 혼합용도 지구를 만들었고, 도심과 외곽을 잇는 보행·대중교통 기반 네트워크를 구축했다. 이를 기반으로 카페·상점·창업 지원시설을 결합한 '창업 허브'를 만들었다. 그리하여 혁신기업·벤처 캐피털(Venture Capital, VC)·인재가 모여 '생활+업무+창업'의 24시간 순환 구조로 재구성했다. 그 결과, RTP는 죽어가던 외곽형 연구단지에서 도심형 혁신지구로 부활했다. 단절된 연구공간이 도시와 연결될 때 비로소 진짜 혁신이 일어난다는 사실을 확인한 것이다. 지금 추진되고 있는 대전의 도심융합특구도 이와 같은 방향으로 나아가야 한다.

대덕연구단지, 대전역세권, 세종 행정도시가 연결되지 않는 한 대전은 계속 '연구의 도시'에 머물 뿐 '혁신의 도시'로 도약하지 못할 것이다. 대전이 다시 젊어지기 위해 필요한 것은 새로운 건물을 짓는 일만이 아니다. 단절된 공간들을 다시 엮는 일이다. RTP가 도시와 다시 연결될 때 살아났듯, 대전 역시 '연구 → 혁신 → 창업 → 정주 → 재투자'의 순환이 가능한 공간으로 재구성돼야 한다. 도시는 연결될 때에만 다시 젊어진다. 그것이 도심융합특구가 대전에서 갖는 근본적 의미다.

스핑크스의 질문을 뒤집어

스핑크스의 수수께끼는 인간의 생애를 네 발, 두 발, 세 발로 걷는 시기로 요약했다. 하지만 사실 갓난아이라고 해서 다른 동물처럼 네 발로 걷는 것은 아니다. 다만 두 발로 걸을 힘과 균형을 얻기 전 잠시 기어 다닐 뿐이다. 결국 인간의 본질은 직립보행이다. 농경을 시작하기 전 구석기시대의 인류는 상체를 과하게 사용하지 않았기 때문에, 노년이 되어서도 허리가 극적으로 굽지 않아 지팡이의 신세를 질 필요는 없었다고 한다. 온갖 어려움을 이겨내고 경부축을 중심으로 성장한 대한민국은, 코어 근육을 강화하여 기존의 경부축 구조를 유지하고 발전시키는 미래 비전을 제시할 수 있어야 한다. 그리고 그 경부축 구조를 연결하는 중심이 바로 대전이다. 그것이 비유적으로든 물리적으로든 대한민국이 노화의 함정에서 벗어나는 유일한 길일 것이다.

온갖 어려움을 이겨내고 경부축을 중심으로 성장한 대한민국은, 코어 근육을 강화하여 기존의 경부축 구조를 유지하고 발전시키는 미래 비전을 제시할 수 있어야 한다. 그리고 그 경부축 구조를 연결하는 중심이 바로 대전이다. 나는 대선에서 이재명 후보의 전국 유세를 이끌며 CTX-a 광역철도 구축, 도심융합특구 마스터플랜 추진, 공공기관 2차 이전 재개, AI 로봇 플랫폼 조성, 철도소음 저감 조치 등 대전 발전 플랜을 대통령 공약에 반영시켰다.

젊은 대전의 조건과 가능성

+ 기술은 있으나 자본은 없다
+ 모내기(대전)와 수확(서울)의 분리
+ 대전역-세종을 잇는 '혁신축'
+ 혁신의 불쏘시개, '충청권산업투자공사'
+ 실패를 기다려주는 인내 자본
+ 딥테크(Deep Tech) 생태계의 재설계

2부

대전에는 기술도, 인재도 있다. 그러나 대전에서 싹 틔운 기업은 수확을 위해 서울과 판교로 떠난다. 연구와 창업, 자본과 공간이 연결되지 않은 채 흩어져 있기 때문이다. 문제는 기술이 아니라 구조다. 대전은 '혁신의 출발지'에 머무르지 않고, 성장이 완결되는 도시가 되어야 한다. 핵심은 연결이다. 혁신의 물리적 공간인 '혁신축'과 마중물인 '충청권산업투자공사'를 통해 자본과 공간을 재설계할 때, 대전은 비로소 기술 창업 수도가 된다.

3장

+ 한국판 실리콘밸리의 가능성과 유니콘 기업 만들기

대전에 한국판 실리콘밸리를 만들 수 있을까? 그런 시도가 가능한 일일까? 대전 혹은 충청권에서 유니콘 기업을 키워내는 일이 가능할까? 나는 이러한 질문에 대한 해답을 찾기 위해 부경대학교 기술경영전문대학원 천동필 교수를 찾았다. 그는 얼마 전까지 오리곤주에 있는 포틀랜드주립대학교에 1년간 방문 교수로 다녀왔다고 했다.

실리콘밸리는 복제가 불가능하다

"대전 혹은 충청권에서 유니콘 기업을 키워내는 일이 가능할까?"라는 나의 질문에 천동필 교수가 던진 대답은 이랬다. "사실 유니콘 기업을 말씀하셨지만, 무엇보다 창업 생태계의 건전성에 대해 먼저 이야기해야 합니다. 유니콘 기업은 하나라도 나오면 대성공일 겁니다."

글로벌 유니콘 기업들의 리스트를 주기적으로 업데이트하는 'CB 인사이트'(CB Insights)의 2025년 6월 통계에 따르면, 전 세계에는 1,281개의 유니콘 기업이 있다. 그중 55%는 미국에 있다. 캘리포니아에만 전 세계 유니콘 기업의 28.6%가 둥지를 틀고 있다. 미국 내의 28.6%가 아니라, 전 세계의 28.6%다! 사실 이것도 많이 낮아진 수치이다. 2024년도에는 전 세계 유니콘 기업의 45%가 캘리포니아에 있었다고 했다. 이 통계만 보더라도 캘리포니아의 '실리콘밸리'가 얼마나 특수한 모델인지를 알 수 있다. 천 교수는 "엄청난 금액을 투자해서 유니콘 기업을 고도성장하도록 육성하는 것은 실리콘밸리, 그러니까 캘리포니아에만 적합한 그들만의 모델일 수 있다"고 설명했다. 심지어 미국의 싱크탱크인 카네기국제평화기금에서 2024년 1월에 내놓은 분석에서도 "실리콘밸리 모델은 복제 불가능하다"고 단언했다고 했다.

그렇다면 왜 실리콘밸리는 복제 불가능한 모델이라 하는 걸까? 그는 '실리콘밸리 모델', 혹은 '캘리포니아 이데올로기'에는 다른 지역에선 찾을 수 없는 여섯 가지 특징이 있기 때문이라 했다. 첫째는 충분한 조달 자금, 둘째는 글로벌 인재가 풍부한 인적 자본, 셋째는 산업과의 유대, 넷째는 중앙 정부와 주 정부의 직간접적인 지원, 다섯째는 대기업과 스타트업이 공생하는 구조, 마지막 여섯째는 여러 종류의 소프트 자원이라고 한다.

이 기준으로 보자면 심지어는 서울조차 높은 평가를 받기 어렵다. 그러나 서울을 제외한다면, 지방 도시에서 상대적으로 비슷한 조건을 갖춘 곳이 대전이라고 천동필 교수는 설명했다. 천 교수뿐만 아니라 내가 만난 전문가들이 계속해서 일깨워준 대전의 강점은 연구인력이 한국에서 가장 두터운 도시라는 점이었다. 구체적으로 살펴봤을 때, 카이스트·정부출연연구기관(출연연)·충남대학교 등을 합치면 연구자만 4만 5천여 명에 달한다. 한국에서 이러한 규모의 연구인력이 모인 유일한 연구 집적지가 바로 대전이다. 그런 점에서 볼 때, 대전의 롤모델은 실리콘밸리보다는 차라리 보스턴의 '켄달스퀘어(Kendall Square)'와 같은 유형의 딥테크 도시에 가깝다는 의견이 많았다.

대전에 부족한 것은 자금과 대기업

이어서 천동필 교수의 분석을 들어보자. 대한민국에서

가장 탄탄한 연구인력을 보유하고도 대전에서 유니콘 기업을 기대하기 어려운 이유는 무엇일까? 그는 가장 부족한 부분으로 '대기업'과 '자금'을 들었다.

먼저 대기업을 살펴보자면, 익히 알다시피 대전의 전통 제조업은 'KT&G'와 '한국타이어' 정도다. 산업 다양성의 측면에서 많이 부족하다. 천동필 교수는 이를 두고 "대전에는 대기업이 없으며, 산업 기반도 보이지 않는다"고 진단했다. 대전 산업 정책의 핵심을 '레거시와 딥테크의 연결'로 잡는다면, 딥테크 기업만 고민할 게 아니라 대전이 제조업 기반의 대기업에게도 매력적인 도시가 되어야 할 필요가 있다는 얘기다.

자본의 관점에서 볼 때, 대전은 다른 지역보다는 다소 유리한 환경이다. 하지만 '총 벤처 캐피털 투자유치액'의 측면에서 서울에 비해 현격히 열세다. 사실 우리나라는 벤처 캐피털 자금 중 정부 모태펀드 비중이 너무 크다. 그뿐 아니라 그 집행이 수도권에 집중되어 있다. 또한 단기 성과 지향으로 인해 자금이 가장 필요한 초기 기업보다는 안정성이 높은 후기 단계에 투자가 몰리는 것이 문제다. 연구인력의 집적지라는 점에서 대전은 혁신도시 이미지가 있지만, 천 교수의 지적처럼 대기업과 자금이 부족하기 때문에 카이스트나 출연연 등에서 일어난 '혁신'(R&D, 특허 등)이

다음 단계인 '사업화'로 잘 연결되지 못하고 지지부진해지는 경우가 대부분이라고 진단한다. 이른바 '혁신과 사업화의 단절 현상'이 일어나고 있는 것이다.

대전이 '기술 창업 수도'가 되기 위한 네 가지 방안

대기업과 자금이 절대 부족한 대전의 창업 생태계를 활성화하기 위해서는 어떻게 해야 할까? 천동필 교수는 그 행법으로 다음 네 가지를 제시했다.

첫째는 '기술 창업 수도'(Tech Startup Capital)의 이미지를 강화하고, '집중 분야'를 선택해야 한다는 것이다.

현재의 대전은 '혁신 수도'의 이미지를 가져가려고 한다. 하지만 앞서 살펴보았듯이 실질적으로 '혁신 수도'가 되기에는 힘에 부치는 것이 사실이다. 따라서 잡을 수 없는 뜬구름보다는 좀 더 현실적이고 실천 가능한 목표를 세울 필요가 있다고 조언하였다. 그것이 바로 '기술 창업 수도'로의 목표 전환이다. 목표를 현실화한 후 창업의 관점을 강화해야 한다는 것이 천동필 교수의 제안이다. 여기에는 서울을 제외하고 기술 창업을 할 수 있는 도시가 사실상 대전밖에 없다는 강점을 적극 활용해야 한다는 전략적 관점이 묻어난다.

이를 위해 현재는 바이오·AI·반도체·우주 항공·국방·양자로 구성되어 있는 6대 전략 산업 자체는 존중하되, 이 중 하나의 핵심 분야를 선택하고 집중해야 한다고 제안한다. 천 교수는 대전이 보유한 자산(생명공학연구원, 카이스트, 바이오 기업 등)을 고려할 때, 바이오 헬스 분야를 선택하고 여기에 AI(바이오 AI)를 접목하여 딥테크 중심으로 육성하는 것이 좋다고 제안했다.

대덕 바이오 클러스터의 성장 과정은 이 의견의 합리성을 더욱 분명하게 보여준다. 2000년대 초 몇 개 연구기관에서 출발한 이 클러스터는 2024년 기준 168개 기업·기관이 연결된 거대한 네트워크로 확장되었다. 특히 대전의 바이오 기업은 상장까지 걸리는 시간이 평균 11.8년으로 전국에서 가장 짧다. 이는 대덕특구의 원천기술과 지역 인력의 깊이가 상장 단계까지 실제로 연결되고 있음을 의미한다.

덧붙여 '바이오'가 특별히 더 좋은 선택인 이유는 '지역 잔류 가능성'이 높은 산업이기 때문이라고 그는 설명했다. 바이오 산업은 공장 이전이 쉽지 않다. 그렇기 때문에 성장한 이후에도 지역에서 함께 할 가능성이 높다는 것이다. 다른 산업들의 경우도 반도체는 양자와, 우주 항공은 국방과 함께 묶는 교차조합으로 발전 전략을 짜는 것이 좋을 거라고 했다.

둘째, 대전만의 지역 자원을 활용해야 한다고 했다.

천 교수는 대전만이 가지고 있는 특색 있는 자원은 '장비 인프라'라고 설명한다. 그것은 출연연과 카이스트에 있는 고가의 실험 장비 및 연구 장비를 말한다. 이 장비들에 대한 정보들을 모아 기업들이 유료로 사용할 수 있도록 지원해야 한다는 것이다. 이를 통해 장비 공유뿐만 아니라 연구기관에 있는 전문가(교수 및 연구원)들과의 협업 기회도 제공될 수 있을 거라고 기대한다. 그는 이때 '메이드 인 대전'(Made in Daejeon)과 같은 슬로건으로 기술의 원천을 적극 강조해야 한다는 지적도 잊지 않는다.

그렇게 지역의 자원을 활용하게 하면서, 지역의 문제를 해결하는 기업을 육성해야 한다고 제안한다. 왜냐하면 지역의 문제를 비즈니스 모델화하여 대전시를 '테스트베드'로 삼고 지자체와 협력하는 기업은 성장한 이후라도 수도권으로 떠나지 않고 지역에 안착할 가능성이 높기 때문이라고 했다. 그렇기에 이러한 유형의 기업을 적극 육성해야 한다는 것이다.

셋째, 지역 맞춤형 자금 지원, '인내 자본'(Patient Capital)의 확보가 필요하다고 봤다.

중앙 정부의 문법과 다른 지자체 자체 펀드를 조성하여 지역 자원을 활용한 스타트업을 긴 호흡으로 육성할 수 있는 인내 자본이 필요하다는 것이 천 교수의 핵심 제안이다. 여전히 많은 지자체에서는 창업을 육성 및 지원한다고 할 때 공간을 제공하고 있다. 그러나 창업 공간 자체는 지금도 비교적 충분하다. 계속해서 부족한 것은 자본이다. 따라서 비록 이 문제를 책임질 공무원 입장에서는 부담이 되겠지만, 창업자들이 원하는 자금을 마련하여 직접 투자할 수 있어야 실질적인 도움이 된다고 그는 내다보았다. '이 분야에서 창업하려면 대전시로 가야 한다. 그곳에 가면 확실하게 펀딩을 받을 수 있다'는 인식을 심어주어야 한다고 그는 강조했다. 이런 인식이 확산되어 수도권에서 기업이 내려올 정도로 매력적인 펀드가 조성되어야 경쟁력이 생긴다고 덧붙였다. 이러한 펀드는 '스케일업(Scale-up) 전용 펀드'가 되어야 한다고 강조한다. 딥테크에 투자할 경우 10년에서 15년까지 장기간 기다려주는 방식으로 운영해야 하기 때문이다.

마지막으로 균형 잡힌 육성 전략이 필요하다고 강조했다.

균형 잡힌 육성 전략을 위해선 '스케일업'과 '스케일DB'(Scale Deep Business)가 구별되는 이중 전략이 필요하다. 빠르게 성장하는 유니콘 지향의 스케일업 기업뿐만 아니라, 성장은 더디더라도 지역에 뿌리내리고 지역 자원을 활용하며 지역 문제 해결에 필요한 비즈니스를 하는 '스케일DB' 기업(지역특화)도 함께 육성해야 지속 가능한 생태계를 만들 수 있기 때문이다. 지금까지 한국은 '스케일DB'에 대한 투자가 부족한 경향이 있었다고 한다.

이와 같은 천동필 교수의 진단과 제언은 대전의 실태를 분석적으로 보여주고 명확한 비전을 제시하고 있다. 그렇다면 대전의 창업 생태계 육성을 실제 정책과 비즈니스 전략으로 풀어낸다면 어떤 모습이 나올까? 김판건 미래과학기술지주 대표를 만나서 의견을 경청한 것은 그러한 궁금증 때문이었다.

20년 후에 대전은 어떤 도시가 되고 싶은가?

정치를 시작하고 난 뒤 누군가를 만나 '부끄럽다'고 느낀 적이 거의 없다. 그런데 김판건 대표를 만났을 때는 정치인으로서 몹시 부끄러웠다. 그를 만났을 때, 김 대표는 이렇게 첫 마디를 떼었다.

"20년 후에 대전이 어떤 도시가 되고 싶은가란 질문이 첫 번째입니다. '켄달스퀘어'를 가진 보스턴은 그런 질문에서부터 시작했거든요. 그런데 대전의 여러 정치인들 만나봤지만, 이 도시의 20년 미래 비전을 가진 분은 아직 만나지 못했습니다."

장시간의 '꿈'과 '비전'을 고민해야 하는 것은 다름 아닌 정치인의 몫인데, 그동안 우리들의 역할이 많이 부족했다는 생각이 들었다.

김판건 대표는 먼저 스타트업에 대한 인식을 바꿔야 한다고 했다. 그는 스타트업을 더 이상 대기업을 지원하기 위한 도구가 아닌, 미래 성장의 동력 그 자체로 인식해야 한다고 역설했다. 그는 구체적인 글로벌 목표를 설정했는데, 대전을 중심으로 한 충청권이 20년 내 세계 30위권 안에 드는 혁신도시로 도약할 수 있는 해법을 찾아야 한다고 강조했다. 현재는 자료에 따라 한국 전체가 10위 수준으로 평가받기도 하고, 서울은 권역으로 봐서 20위로 평가받고, 도시만으로 보면 200위권 밖으로 평가받기도 한다. 핵심은 현재 한국에는 서울권역 외엔 평가할 도시가 없다는 것이다. 이런 상황을 타파해야 한다는 목표가 분명히 설정되어야 한다는 것이다. 대전의 현재 순위는 300위권 밖이지만, 역량을 잘 모으기만 하면 일단 100위 안에는 들어올 수 있다고 전망했다.

또한 그는 여러 기업을 육성하는 것보다는 지역을 대표하는 초거대 기업이 우선 육성되어야 한다고 봤다. '리가켐바이오사이언스*'나 '알테오젠**' 등의 국내 기업을 예시로 들면서, 대전에서 글로벌 경쟁력을 갖춘 초거대 기업이 탄생해야 지역 경제에 엄청난 파급 효과를 가져올 것이라고 설명했다. 그러면서 그는 "박세리나 김연아 같은 선수 한 명을 통해 전체적인 경쟁력을 끌어올리자는 전략"이라고 요약했다.

이를 위해서는 '선택과 집중' 전략 및 밀집화가 요구된다고 했다. 지원 방식도 정부 주도의 균등 지원 방식에서 벗어나 민간 중심의 '선택과 집중' 전략으로 전환되어야 한다고 제안했다. 또한 다른 전문가들도 언급했던 카이스트, 출연연 등의 강점을 살려 '기술 기반의 혁신 창업(딥테크)'에 자원이 집중되어야 한다고 주장했다. 이를 위해선 우수한 대학과 연구기관 등 첨단 산업 기반이 공간적으로 흩어져 있는 현 상황을 개선하고, 창업 생태계를 밀집(clustering)시켜 시너지를 창출하는 일이 필요하다고 강조했다.

결국 조성되어야 하는 것은 충청권 전역을 아우르는 광

* 리가켐바이오사이언스는 2006년 창업한 혁신 신약을 개발하는 업체이다. 과거 대덕연구단지의 LG생명과학에 근무하던 연구인력들이 자신들이 가진 의약화학과 바이오 분야의 전문성과 풍부한 노하우를 기반으로 기존 의약품들의 미충족 수요를 해결할 혁신 신약을 개발하고 있다.

** 알테오젠은 2008년 설립되어 기존 바이오 의약품보다 효능이 개선된 차세대 바이오 베터와 기존 바이오 의약품과 동등한 효능을 나타내는 바이오 시밀러 등을 연구 개발하고 있는 기술 선도 바이오 기업이다.

대전을 중심으로 한 충청권이 20년 내에 세계 30위권에 드는 혁신도시로 도약할 가능성은 대한민국의 그 어느 지역보다 연구인력이 집적되어 있기 때문이다. 이를 위해선 카이스트를 비롯한 우수한 대학과 출연연 등 연구기관과 첨단 산업 기반이 공간적으로 흩어져 있는 상황을 개선하여 기술 기반 혁신 창업을 실현할 수 있는 밀도 높은 창업 생태계를 구성해야 한다.

역 혁신 생태계다. 특히 그는 대덕특구와 오송, 오창을 연결하는 바이오 클러스터를 조성하여 연구원과 대학이 협력해 인재를 육성해야 한다고 했다. 이를 위해 김 대표는 구체적으로는 대전시와 유성구가 힘을 모아 대덕특구 인근을 혁신 창업의 메카로 만들고, 대전 팁스타운(TIPS Town)*을 중심으로 공간을 조성할 것을 제안했다. 여기까지 들으니 '공간의 재배치와 연결'이라는 문제에 대해 여러 전문가들의 의견이 전공과 영역을 불문하고 서로 통한다는 생각이 들었다. 우리가 추구해야 할 해법이 분명해지는 듯했다.

김판건 대표는 마지막으로 네트워킹 활성화를 위한 제언도 했다. 소통과 협력을 활성화하고 다양한 네트워킹 프로그램을 통해 혁신 문화를 확산시켜야 하는데, 그 활동의 밀도를 높이기 위해선 "매주 목요일에 대전에 오면 창업 포럼이 열린다"와 같은 식으로 특정 시간을 정하여 정기적인 만남과 교류를 유도해야 한다는 것이다. 김 대표는 이러한 아이디어들을 단기적인 성과가 아니라 장기적인 관점에서 일관성 있는 정책으로 추진해야 나가야 한다고 거

* 팁스타운은 스타트업, 투자사, 지원 기관이 한 건물에 모여 기술 창업 기업의 도약을 돕는 창업 허브로, 전도 유망한 기술 창업 기업을 민간 주도로 선발하여 집중 육성하는 민간 주도형 기술 창업 지원을 의미한다. '팁스타운'에서 'TIPS'는 'Tech Incubator Program for Startup Korea'의 머리글자를 따서 만든 용어다..

듭 역설했다.

지원은 많은데 연결이 없는 특구 과잉 도시, 대전

여기까지 듣고 나면 자연스럽게 한 가지 질문이 떠오른다. 이렇게 많은 전문가가 비슷한 방향을 제시하고 있고, 이들 전문가의 지적처럼 대전은 연구·인재·장비·전략 산업까지 모두 갖추고 있는데 왜 정작 창업 생태계는 제대로 작동하지 않는 것일까? 새로운 전략에 맞춘 정책을 입안하기에 앞서 지금의 현황을 살펴봐야 했다.

대전은 전국 어느 도시보다 많은 형태의 '혁신 정책'을 한 몸에 떠안은 도시다. 말 그대로 모든 종류의 특구와 지원 사업이 대전에 몰려 있다. 연구개발특구, 산업단지형특구, 융합특구, 도심융합특구, 창조경제 혁신센터, 스타트업 파크, 지역창업사관학교…, 이 특구들을 이름만 열거해도 숨이 찰 지경이다.

한국지역학회(KRSA)가 지난 2024년 12월에 발간한 〈부처별 운영 중인 특구 제도 합리화 방안〉(2024)이라는 정책 보고서에서는 이 상태를 두고 이렇게 진단한다. "대전은 동일 기능의 특구가 중복 지정되어 있으며, 특구 간 기능 중복률은 37%에 달한다." '37%'라는 숫자는 '효율성'의 문제가 아니라 '정책이 서로 겹쳐서 기능을 상쇄한다'는 의미다. 예산 효율성 역시 65% 수준에 머문다고 지적하고 있다. 예산이 부족한 게 아니라, 한정된 예산이 서로 다른 칸막이 속 특구에 쪼개져 들어가다 보니 정작 성과는 뭉쳐 나오지 못하는 구조다. 이런 상황에서 창업자들은 이렇게 말한다. "도와준다고는 하는데, 도대체 어디로 가야 하는지 모르겠다."

이 문제는 비단 대전만의 것은 아니다. 전국 어디를 살펴봐도 마찬가지다. 중소벤처기업부의 공식 자료에 따르면, 2025년 기준 창업 지원사업은 18개, 총예산은 8,700억 원 규모다. 대표 프로그램만 봐도 창업 패키지, 초격차 스타트업1000+, 청년창업사관학교, 창조경제 혁신센터 등으로 가득하다. 청년창업사관학교는 입교 850명, 졸업 839명, 매출 2,444억 원, 투자유치 230억 원, 고용 1,948명을 만들어 냈다고 선전하고 있다. 17개소의 창조경제 혁신센터는 창업기업 4,105개 지원, 투자 1,147건, 신규 채용 9,025명을 만들어냈다고 한다. 대전·인천 등지에서 운영하는 5곳의 스타트업 파크는 입주기업 총매출이 연 200억 원 내외 수준이라고 한다.

각 지원사업을 시행한 기관의 결과 보고서에 나타나는 성과는 화려하다. 하지만 현장의 평가는 싸늘하다. 창업진

흥원의 한 내부 조사에 따르면, 지역 창업자의 정책 만족도는 52%, "지원은 많지만 체감은 낮다"는 응답이 압도적으로 높았다. 즉, 정책의 혈액은 풍부하지만, 순환이 되지 않는다고 보는 게 정확하다. 사업 간 연계가 부족하고, 부처마다 프로그램이 분절되어 '행정 피로감'만 쌓이는 구조라는 것이다. 창업 정책의 과잉이 오히려 혁신의 흐름을 막는 '혈전'(血栓)으로 작용하고 있는 셈이다.

특히 대전은 정책이 부족한 도시가 아니다. 오히려 정책이 너무 많아서 혁신이 막히는 도시다. 과잉된 정책이 서로를 방해하고, 서로 다른 부처·기관·지자체가 각자 혁신을 외치지만 정작 혁신은 '조각난 형태'로만 남는다. 대덕특구는 연구를 맡고, 유성구는 스타트업을 맡고, 대전역세권은 도심 재생을 맡고, 중구·동구 일대는 도심융합특구로 지정되어 있지만, 이 공간들은 서로 닿아 있지 않다. 서로 겹치고, 기능이 중복되고, 예산과 권한이 나란히 흩어져 있다. 천동필 교수가 분석한 산업·자본의 구조적 약점 위에 '정책 과잉-연결 부재-행정 피로감'이라는 또 하나의 벽이 놓여 있는 셈이었다. 연결되지 않은 혁신은 결국 기능적 고립을 낳는다. 이 고립이 바로 천동필 교수가 말한 '혁신과 사업화의 단절'이 도시 전체에서 일어나는 이유다.

모내기는 대전에서, 수확은 서울에서

"모내기는 대전에서, 수확은 서울에서 한다." 이 말은 내가 함께 참석한 충청발전포럼에서 들은 말이다. 그날 포럼에 참석한 창업자들과 투자자들이 깊이 공감한 비유였다고 입을 모았다. 그만큼 대전의 창업 생태계에는 한 가지 반복되는 패턴이 있다. 기술은 대전에서 태어나지만, 기업의 본사는 서울·판교로 이전한다는 것이다.

대표적인 사례가 바이오 분야다. 대전에서 기술을 개발하고 초기 임상을 마친 기업이 스케일업 단계가 되면 송도나 판교로 이전한다. 알테오젠처럼 여러 난점에도 대전을 지키고 있는 경우도 있지만, 많은 중견급 바이오 기업들은 거의 예외 없이 서울·수도권에 본사를 두고 있다. 그 이유는 단순하다. 자본의 흐름이 서울 중심으로 이루어지기 때문이다.

국내 벤처투자의 75~80%가 서울·경기에서 집행된다. 특히 정부 모태펀드의 자금 집행 구조는 후기 단계 투자에 치우쳐 있기 때문에 대전에서 태어난 딥테크 기업들이 가장 필요로 하는 초기·중기 단계의 '기다려주는 자본'(인내자본)이 대전에 머물지 못했다.

대전의 출연연과 카이스트에서 매년 수백 건의 기술이

"모내기는 대전에서, 수확은 서울에서 한다." 충청발전포럼에서 들은 이 말은 실로 큰 충격이 아닐 수 없었다. 이날 포럼에 참석한 창업자들과 투자자들 역시 모두 깊이 공감한 비유였다. 그만큼 대전의 창업 생태계에는 한 가지 반복되는 패턴이 있다. 기술은 대전에서 태어나지만, 기업의 본사는 서울·판교로 이전한다는 것이다. 이런 패턴을 반복하지 않기 위해서 지역의 창업 생태계에 충분한 피를 공급할 지역의 심장이 필요하다.

창출되고, 특허가 등록된다. 시제품과 파일럿 연구가 이루어지지만, 이 기술들은 사업화 직전에 수도권으로 빠져나간다. 천동필 교수가 지적한 '혁신과 사업화의 단절'이 대전이라는 도시 전체에서 재현되고 있었다. 대전에서 기술을 만들면, 투자받는 순간 판교로 가야 한다. 초기에는 대전에서 버틸 수 있지만, 스케일업을 하려면 결국 본사를 수도권으로 옮겨야 생존할 수 있다는 의미다.

이것은 단순히 기업의 문제도 아니고, 창업자의 개인적 선택의 문제도 아니다. 대전의 혁신은 모내기 단계에서 끝나고, 열매는 서울의 자본시장과 대기업 생태계가 가져가는 구조이기 때문이다. 자본의 역류 현상은 대전의 모든 혁신 잠재력을 결과적으로 수도권의 성장동력으로 빨아들이는 '구조적 빨대효과'로 작동한다.

결국 질문은 이렇게 귀결된다. "대전의 기술이 대전에서 자라지 못하는 이유는 무엇인가?" 해답은 명확하다. 기술을 산업으로 키워낼 자본이 없기 때문이다. 그리고 대전에서 그 자본을 '기다릴 수 있는 주체'가 없기 때문이다.

지역 기금 모델이라는 '인내 자본'

그렇다면 이제 대전은 혁신의 기초를 넘어서 자본의 흐

름까지 재설계해야 한다. 2025년 1분기 기준, 대전의 벤처 투자 비중은 8.61%였다. 서울이 같은 시기 49.73%를 차지한 것과 비교하면, 지역 기술의 성장은 대부분 서울에서 완결되고 있음을 확인할 수 있다. 이 지표만으로도 대전에서 창업한 기업이 스케일업 단계에서 판교·송도로 이동하는 구조적 이유가 분명히 보인다.

대전시도 이 문제를 해결하기 위해 2024년 7월 31일, 전국 최초의 공공투자기관인 '대전투자금융'을 출범시켰다. '대전 지역 벤처투자 생태계 활성화'라는 방향 자체는 두 팔 벌려 환영할 일이다. 하지만 내세운 비전에 비해 예산 규모가 실망스럽다. 초기 자본 500억 원으로 시작하여 2030년까지 5,000억 원 운용을 목표치로 내세우고 있는데, 이는 대전의 경제 규모에 비해 지나치게 낮은 수준이다. 게다가 이 목표를 어떻게 이룰지에 대한 계획도 불투명하다. 이장우 시장의 임기가 얼마 남지 않은 현재까지도 운영 성과가 눈에 띄지 않는다. 게다가 '유등교 가설교'나 '0시 축제' 등에서 보여준 이장우 시장의 민간 기업과의 불투명한 관계를 고려할 때 운용의 신뢰성에도 의심의 여지가 충분하다.

대전투자금융이 제 역할을 하려면 지방 정부가 적극적으로 주도하면서 중앙 정부와 민간을 함께 참여시켜 객관

적이고도 전문적으로 운용되는 방향으로 발전해가야 한다. 규모도 최소한 3조 원 규모로 운용이 되어야 대전이 대한민국의 균형 발전을 이끌 단단한 코어 근육이 될 수 있다. 단순한 보조금이나 융자사업이어서는 안 된다. 지역의 재정을 활용해 기초 자본을 마련하고, 여기에 금융기관과 민간 자본을 단계적으로 결합해 지방판 '인내 자본' 덩어리를 만드는 것이어야 한다. 그렇게 조성한 이 기금은 단기 성과를 노리는 펀드가 아니라, 10년 이상을 내다보고 딥테크 기업을 육성하는 장기 동반자가 되어야 한다.

쉽게 말해 이 기금은 "대전에서 창업을 하면, 성장 과정에서 최소 한 번은 반드시 대전의 자본을 만난다"는 신뢰를 만들자는 취지다. 지금까지 대전의 기술은 수도권 자본을 만나야만 한 단계 도약할 수 있었다. 그래서 투자 계약서에 도장을 찍는 순간, 본사는 서울·판교로 떠날 준비를 해야 했다. 만약 대전이 자체적인 스케일업 전용 펀드를 갖게 된다면, 기술이 성숙하는 동안 기업이 '지역에서 버틸 수 있는 선택지'가 하나 더 생기게 되는 것이다.

물론 지방 정부는 부담이 클 테다. 실패 가능성이 높은 스타트업에 세금에서 출자한 자본을 투자한다는 것은 그 어떤 공직자에게도 마음 편한 결정은 아닐 것이다. 하지만 결국 누군가는 이 위험을 감수해야 한다. 지금까지 중앙 정부와 모태펀드는 안정적인 성과를 위해 안전한 길만 골라 걸어왔다. 그렇다면 이제는 지방 정부가, 그중에서도 대전이 먼저 다른 길을 시도해야만 한다.

천동필 교수의 표현을 빌리자면, "대전은 스스로를 '기술 창업 수도'로 선언함으로써 손해를 보게 되는 도시가 아니라, 그렇게 하지 않으면 오히려 기회를 잃는" 도시다. 김판건 대표의 제언을 종합하자면, 대전이 세계 30위권에 드는 혁신도시로 도약하는 길은 수도권의 하청 기지가 되는 길이 아니라, 딥테크 기업이 지역에 뿌리를 내리고 자라날 수 있는 독자 생태계를 구축하는 길뿐이다.

여기서 중요한 것은 우리가 '유니콘'이라는 말에 너무 휘둘리지 말아야 한다는 것이다. 유니콘 기업을 여럿 배출하는 것도 중요하겠지만, 천동필 교수의 말처럼 유니콘 기업은 '하나만 나와도 대성공'이다. 김판건 대표의 표현대로라면, 대전에 정말 필요한 것은 수십 개의 유니콘 기업이 아니라 박세리나 김연아급 딥테크 기업인 한 명이다. 그런 기업가 한 명이 만들어낸 초거대 기업이 지역 경제를 지탱하는 기둥 역할을 하게 된다면, 수도권이 아니어도 세계 시장에서 경쟁할 수 있는 도시가 될 수 있다.

혈액을 돌게 할 심장이 필요하다

나는 대전이 그런 경쟁력을 갖춘 도시가 될 수 있다고 믿는다. 이 믿음은 막연한 낙관에 근거한 게 아니다. 지금 대전이라는 도시가 가진 기술·인재·공간·정책 자원의 조합을 차분히 들여다본 끝에 내린 결론이다. 대전은 혁신과 창업을 논할 수 있는 최소한의 기반은 이미 가지고 있다. 지금 필요한 것은 그 자원을 흩어 쓰지 않고 한 방향으로 모아 쓸 수 있도록 발상을 전환하는 일이다.

앞서 2장에서 살펴보았듯, 대한민국은 이제 '경부축'이라는 척추만으로는 버틸 수 없는 나라가 되었다. 허리가 더 굽기 전에 코어 근육을 강화해야 하는 시기에 와 있는 것이다. 이 코어 근육에 해당하는 도시가 바로 대전이고, 그 코어 근육에 혈액을 돌게 만드는 역할을 해야 하는 것이 대전의 창업 생태계다. 그리고 그 혈액을 만들고, 모으고, 순환시키는 기관이 바로 자본, 즉 '심장'이다.

대전이 기술 창업 수도가 되려면, 기술만으로는 부족하다. 기술을 지탱해줄 자본, 특히 '기다려주는 자본', 즉 '인내 자본'이 필요하다. '3조 원 규모의 기금'을 고민하는 이유가 바로 여기에 있다. 이미 기술은 대전에 있는데, 심장이 아직 서울에서 미약하게 뛰고 있기 때문이다.

다음 장에서는 이러한 지방의 시도가 도시 단위의 실험을 넘어 충청권 전체의 심장, 즉 '충청권산업투자공사'라는 구조로 어떻게 확장될 수 있는지 살펴보고자 한다. 대전이 도시 차원에서 피를 돌리는 곳이라면, 충청권산업투자공사는 국토의 한가운데에서 박동을 만들어낼 새로운 '심장'이다.

대전이 코어 근육이라면, 충천권산업투자공사는 심장이고, 혁신축의 확립은 우리가 매일 해야 할 코어 운동 루틴이다. 이 세 가지가 하나의 리듬을 이루기 시작할 때, 실리콘밸리를 모방한 한국판 실리콘밸리가 아니라 대전에서 시작하는, 전혀 다른 방식의 도시혁명이 될 수 있을 것이다.

4장

+ 충청권산업투자공사를 혁신의 불쏘시개로 삼아라

우리가 지금까지 따져보았듯이 대전에는 기술도 있고, 인재도 있으며, 장비도 있다. 대전만큼 고급 연구 장비와 연구인력의 밀도가 높은 도시는 대한민국에 없다. 카이스트와 출연연, 대학과 특성화 연구기관들은 매년 수백 건의 특허와 논문을 쏟아내고, 대덕특구는 지금도 한국 과학기술 생태계의 가장 깊은 뿌리다.

심장 없이는 혈액순환도 없다

이 뿌리 깊은 나무가 열매를 맺지 못하는 이유는 단순하다. 자본이 없기 때문이다. 자본이 빠져나간 자리는 다시 기술이 자랄 수 없는 메마른 토양이 된다. 기술은 성장의 초기 단계에만 연구자의 손에 남아 있을 뿐, 성숙 단계로 넘어가려면 반드시 자본을 만나야 한다. 기술이 자본을 만나야 기업이 되고, 기업이 되어야 일자리가 생긴다. 그리고 일자리가 생겨야 인재가 지역에 남는다.

그러나 지금 대전의 현실은 그 정반대다. 기술은 대전에서 태어나지만, 그 기술이 스케일업 단계에 들어서는 순간 기업들은 판교·송도·광교로 이주할 준비를 한다. 대전에는 기술만 있고, 자본은 수도권에만 있다. 그래서 기술이 자라는 순간마다 서울의 금융권·대기업·벤처 캐피털이 그 성장을 모두 흡수해가는 구조가 고착화되었다.

한국 경제의 심장은 수도권에서만 뛰고 있다. 경남대 사회학과 양승훈 교수를 만나 자본의 집중 현황에 대해 물어보았다. 그는 2023년 기준 한국 전체 금융기관의 수신·여신 비중은 수도권이 65~70%를 차지한다고 설명했다. 그리고 이는 단순한 금융 쏠림 현상으로만 바라볼 문제가 아니라고 지적했다. 자본과 인재, R&D 센터와 전략 부서, 대기업의 의사결정 기능까지 모두 수도권에 집중되면서 한국의 산업지리는 '수도권 심장-지방 말단' 구조로 재편되었다는 의미라고 풀이했다. 동남권 공업단지조차 자립성을 상실하고 있는 이 상황에서, 대한민국의 산업구조가 1극으로 축소되는 것을 방지하기 위해서는 대전의 역할이 절실하다.

그런데 지금의 구조에서는 지방의 기술이 스스로 순환할 방법이 없다. 지방 도시들은 아무리 기술을 만들어도 그 기술을 성장시킬 자본을 갖지 못한다. 천동필 교수가 말한 것처럼, 대전은 '기술 창업 수도'가 될 잠재력을 가지고 있지만, 자본 구조는 여전히 대전을 '기술의 발원지이자 실패의 여정지'로 만들고 있다.

대전의 상황을 이해하고 반전시키려면 더 근본적인 질문을 던져야 한다. "왜 기술과 인재는 지방에 있지만, 자본은 수도권에만 머무는가?" 그 이유는 금융의 기본 구조가 지방을 향하도록 설계되어 있지 않기 때문이다. 지방에 있는 기업이 은행에서 대출을 받으려고 하면 '담보 부족'을 이유로 문턱을 넘지 못한다. 민간 벤처 캐피털은 '회수 가능성이 낮다'는 이유로 지역 기업에 투자하지 않는다. 지역 기업은 초기 단계에서 성장 자본을 확보하지 못하니 본사를 이전하여 수도권에 있는 금융권이나 인근 대기업과 접촉할 수밖에 없다. 앞서도 지적했듯, 결국 지방은 기술을 내보내는 '모내기의 도시'가 되고 서울·판교는 그 기술을 회수하고 확장하는 '수확의 도시'가 된다.

이 구조를 바꾸지 않는 한 대전의 연구기관들이 아무리

많은 기술을 만들어낸다 해도 그 기술은 지역에서 기업이 되지 못한 채 수도권의 자본 생태계 속으로 빨려 들어갈 것이다. 이것은 단순한 지역 편중의 문제가 아니다. 지역에도 심장의 역할을 할 기관이 없다면, 지역의 혈액순환은 다시 시작될 수 없다. 이제 대전은 기술보다 더 근본적인 것, 즉 자본의 흐름 자체를 재설계해야 하는 시점에 와 있다. 심장이 제 기능을 하지 못하면 근육도, 혈관도, 뇌도 결국 죽어버린다. 이에 나는 '충청권산업투자공사'라는 대안에 주목하고자 한다.

한국 산업지리의 재편,
첨단 산업은 수도권과 충청권으로만 몰렸다

한국 산업구조는 조용히, 그러나 빠르게 '수도권-충청권 편중 구조'로 재편되고 있다. 양승훈 교수는 면담에서 지금이 한국의 산업지리에 있어 '보이지 않는 재편의 시대'라고 진단했다. 전통적으로 대한민국 산업의 중심축은 포항·울산·창원·거제·여수로 이어지는 동남권, 그리고 광주·전북권으로 대표되는 호남권이었다. 그러나 지난 15년 동안 벌어진 일은 조용한 '지형 변화'였다. 숙련된 산업노동자와 공장은 여전히 지방에 남아 있지만, 고부가가치를 만드는 첨단 산업은 모두 수도권과 충청권에 집중되기 시작한 것이다.

그의 분석에 따르면 반도체·2차 전지·스마트폰·전기차·디스플레이 같은 한국의 대표적 첨단 산업은 사실상 이제 수도권과 충청권 일부에서만 성장하고 있다. 삼성전자는 차세대 팹(Fab) 입지로 평택과 용인을 선택했고, SK하이닉스도 용인을 선택했다. 이는 단순한 기업 의사결정이 아니라, R&D 인력·전략 부서·대기업 본사가 모두 수도권에 몰리는 구조의 산물이다.

지방 정부들은 여전히 공장을 유치하기 위해 국가산단을 늘리고, 농공단지를 확장하고, 각종 특구를 지정하며 '기업 유치'를 외친다. 하지만 그 외침은 첨단 산업과 대기업의 귀결에도 닿지 않는다. 양승훈 교수는 이런 변화된 구조를 다음과 같은 한 문장으로 요약했다. "지방은 생산 기능만 남았고, 수도권은 구상 기능을 독점하는 구조가 굳어졌습니다."

여기서 '구상 기능'이란 연구개발, 전략 수립, 기획, 마케팅 등 기업의 고부가가치를 만들어내는 핵심 기능을 말한다. 한마디로, 지방은 여전히 '만드는 곳'이지만 수도권은 '생각하는 곳'이 된 셈이다. 이 기능 분화가 심화될수록, 청년들은 더 이상 지방을 선택하지 않는다.

청년은 일자리의 질을 따라 움직인다. 그런데 지방은 생산직만 남고 있다. 하지만 기획·R&D·전략 인력은 수도권으로 빨려 들어간다. 양승훈 교수가 제시한 분석에 따르면 청년 인구의 58.6%가 수도권으로 이동하고 있다. 특히 20~34세 여성 청년의 수도권 집중도가 더 높아지고 있다. 이러한 흐름은 단순한 직장 선호 현상이 아니라 지방의 산업구조가 고급 일자리를 만들어내지 못한다는 증거라고 했다. 이렇게 청년은 떠날 수밖에 없고, 청년이 떠난 도시는 다시 기업을 유지할 수 없게 된다. 이 악순환은 동남권·호남권에서 더 심하게 나타나고 있고, 그 여파는 이제 충청권 주변 도시로 서서히 확산되고 있다.

그러나 충청권은 이 거대한 구조적 쏠림 속에서 새로운 핵심지대로 떠오르고 있다. 먼저 대덕연구단지와 오송·오창 바이오 클러스터는 수도권 다음으로 촘촘한 첨단 산업의 기반을 이루고 있다. 바이오 클러스터뿐만 아니라 반도체 클러스터를 만들어낼 수 있는 유인도 있다. 양승훈 교수의 분석에 따르면, 현재의 용인·평택 반도체 클러스터는 2030년대 초반 용수·전력의 생태적 한계에 도달한다. 초순수·고전력 24시간 공정 특성상 수도권 내부에서만 팹 확장은 지속 가능하지 않다는 결론이 나온다. 따라서 반도체 산업은 더 이상 수도권만으로 유지할 수 없다. 결국 생산과 연구를 분산해야 하는데, 현재로서 존재하는 그 유력한 대안은 인재·연구·행정·제조가 결합된 충청권뿐이다. 이 점에 주목한다면, '대전-세종-오송-오창'의 혁신축은 단순한 광역교통축이 아니라 '남부 반도체 메가클러스터의 두뇌축'으로 정의될 수 있다. 이 축이 그려지면 충청권은 대한민국에서 유일하게 '설계-R&D-행정-임상-생산'이 동시에 가능한 첨단 산업 벨트로 자리매김할 수 있다. 바로 이 점 때문에 앞 장에서 살펴본 "대전은 기술 창업 수도가 될 잠재력이 있다"는 결론이 더욱 힘을 얻는다.

문제는 이 집중이 '수도권-충청권 양극화'로만 끝나고 있다는 점이다. 현재 구조는 '충청권 성장'이 아니라 수도권의 확장에 더 가깝다. 첨단 산업이 수도권과 충청권에 몰린다고 해서 충청권이 자동으로 수도권의 대안이 되는 게 아니다. 양승훈 교수는 이렇게 진단한다. 충청권이 수도권과 함께 산업을 주도하고 있지만, 지방을 살리는 역할까지 수행하지는 못하고 있다고. 즉, 충청권은 산업지리상 중요한 위치로 떠올랐지만, 그 영향력은 여전히 수도권 심장의 확장판에 머물고 있다는 의미다. 대전과 충청이 한국 산업의 '두 번째 심장'이 되기에는 아직 자본의 구조적 기반이 충분하지 않다는 의미이기도 하다. 이제 충청권은 스스로 심장을 만들어야 한다.

대전의 기술, 세종의 행정, 오송·오창의 바이오 산업이 하나의 축으로 연결되면 한국에서 유일하게 수도권을 견제할 수 있는 혁신지대가 된다. 그러나 이 혁신지대를 진짜 '몸'으로 만들기 위해선 단순히 공간을 잇는 것이 아니라 자본을 충청권 내부에서 돌리는 심장이 필요하다. 그것이 바로 충청권산업투자공사다.

인내 자본이 존재하지 않는 나라, 딥테크는 기다림의 산업이다

대전이 이 구조적 한계를 뚫지 못하는 또 하나의 이유가 있다. 그것은 딥테크 산업의 특성과 한국의 자본 구조가 완전히 어긋나 있기 때문이다. 바이오, 반도체, 우주 항공, 국방, 양자 기술 등은 3년 안에 성과를 낼 수 있는 산업이 아니다. 이들 기술의 성숙 기간은 짧게는 7년, 길게는 15년 이상 걸린다. 김판건 미래과학기술지주 대표는 이를 두고 '딥테크는 기다림의 산업'이라고 요약했다. 빠르게 대규모 투자를 받고 시장 점유율을 넓히는 '플랫폼 산업'과는 전혀 다른 성장곡선을 가진다는 것이다.

그러나 한국의 창업·투자 생태계는 이 '시간의 깊이'를 감당할 준비가 되어 있지 못하다. 정부의 창업 지원사업은 대부분 1년 혹은 3년의 평가 주기로 움직인다. 민간 벤처 캐피털 역시 펀드의 만기가 7년에 불과하다. 7년이라고 했으나, 그중 절반은 투자 회수 기간에 해당한다. 이 짧은 시간 안에 성과를 내기 위해 벤처 캐피털들은 이미 시장성이 검증된 후기 단계 기업에만 몰릴 수밖에 없다. 대전에서 바이오나 반도체 기반의 기술 창업이 초기 단계에서 '말라 죽는' 이유가 여기에 있다. 성숙에 오랜 시간이 걸리는 산업일수록 지방에서는 제일 먼저 배제된다.

한국의 민간 투자자들이 딥테크에 적극적이지 못한 이유도 같다. 대기업의 전략투자가 수도권에 집중되어 있고, 기술 실사가 가능한 전문 인력 역시 서울의 금융권과 전문기관에 몰려 있기 때문이다. 지역 기업은 우선적으로 '리스크가 크다'고 판정된다. 그리고 이러한 판정은 대부분 수정되지 않는다. 대전의 기업이 아무리 뛰어난 기술을 가졌어도, 지역에 머무는 한 '투자하기 어려운 기업'이라는 낙인을 피하기 어렵다.

이런 조건에서 지방이 선택할 수 있는 유일한 길은 '기다리는 자본', 즉 '인내 자본'을 스스로 만드는 것이다. 김판건 대표는 이러한 상황을 해결할 해법을 이렇게 제시했다. "대전이 진짜 기업을 키우려면, 10년을 함께 견딜 자본이 필요합니다." 이 말은 단순히 투자 기간을 늘리라는 주장이 아니다. 기술이 성숙할 때까지, 다시 말해 실험실의 연구가 제품이 되고, 제품이 다시 시장에서 검증될 때까지, 지역이 스스로 기업 옆에서 버티는 구조를 갖추어야 한다는 것이다.

그동안 한국의 지방 정부들은 공간을 만들어주는 것으로 창업 지원을 대신해왔다. 창업보육센터, 혁신센터, 창업허브, 메이커 스페이스 등 수많은 건물과 공간이 조성되고 제공되었다. 하지만 그 공간에 자본이 흘러들어간 적은 거의 없다. 천동필 교수의 분석대로 "한국은 공간 혁신은 많지만 자본 혁신은 없었"던 것이다. 공간은 있어도 자본이 없다면, 그곳은 아무리 번듯하게 지어도 결국 '기술의 임시 거처'에 불과하다. 대전이 겪는 현실이 바로 그렇다.

물론 딥테크에도 공간은 필요하다. 그러나 공간보다 더 근본적인 것이 있다. 바로 '기다림'이다. '기술의 시간'을 견딜 수 있는 자본, 기업이 성장할 때까지 조급해하지 않는 자본, 기업이 어려움에 부딪힐 때 도망치지 않는 자본, 이런 자본 없이는 어떠한 도시도 딥테크 기반의 혁신도시로 성장할 수 없다.

한국의 수도권은 그나마 이런 자본을 일부 가지고 있다. 대기업의 전략적 투자조직, 전문 벤처 캐피털, 국책은행의 정책금융 등이 물리적으로 서울에 집결해 있기 때문이다.

그러나 대전과 충청권은 그러한 자본의 사각지대에 놓여 있다. 자본의 부재로 인한 악순환을 끊기 위해 필요한 것은 단순한 정책이 아니라 구조의 재설계다. 이 지점에서 우리는 마침내 '충청권산업투자공사'라는 제도적 장치를 만나게 된다. 이 공사는 단순히 또 하나의 투자기관을 만드는 것이 아니다. 이 지역에 존재하지 않던 '기다리는 자본'을 만들어 기술의 시간과 자본의 시간을 함께 맞추려는 시도다.

충청권산업투자공사,
지방의 심장을 설계하는 일

딥테크 산업의 시간과 한국 자본의 시간이 맞지 않는다는 사실이 분명해진 이상, 대전과 충청권이 선택할 수 있는 길은 하나다. 새로운 심장을 만드는 일, 즉 자본의 흐름 자체를 지역 내부에서 다시 설계하는 일이다. 그 구상이 바로 '충청권산업투자공사'다. 충청권산업투자공사는 단순히 또 하나의 공공투자기관이 아니다. 대전·세종·충북에 흩어져 있는 기술·인재·실험 장비·혁신 거점을 하나의 혈관망으로 묶고, 그 혈관으로 실질적 자본을 흘려보내기 위한 광역 단위의 장기 모험자본 축적 시스템이다.

2025년 4월, 내가 대표 발의한 '충청권산업투자공사 설

2025년 9월 24일 국회 의원회관 제2소회의실에서 열린 '2025 국회 입법박람회 입법정책 토론회'에서 토론자로 참석해 충청권산업투자공사법의 필요성과 향후 방향에 대해 발제했다. 딥테크 산업의 시간과 한국 자본의 시간이 맞지 않아 지역에는 충분한 자본이 공급되지 않는다. 그렇다면 대전과 충청권이 선택할 수 있는 길은 하나다. 새로운 심장을 만드는 일, 즉 자본의 흐름 자체를 지역 내부에서 다시 설계하는 일이다. 그 구상이 바로 '충청권산업투자공사'다. 충청권산업투자공사는 대전·세종·충북에 흩어져 있는 기술·인재·실험 장비·혁신 거점을 하나의 혈관망으로 묶고, 그 혈관으로 실질적 자본을 흘려보내기 위한 광역 단위의 장기 모험자본 축적 시스템이 될 것이라고 강조했다.

립 및 운영에 관한 법률안'의 구조를 들여다보면 그 목적이 더 명확해진다. 정부와 지자체, 산업은행·기업은행 같은 정책금융기관, 그리고 수출입은행이 함께 출자하여 3조 원 규모의 초대형 성장자본 풀(pool)을 만드는 구조다. 이 자본은 단기 회수나 재무성과를 목적으로 하지 않는다. 핵심은 '성장이 더디더라도, 깊고 오래 가는 기업'에 투자하는 것이다. 바로 앞 장에서 살펴본, 지역 기반 딥테크 기업들의 성장곡선에 맞추는 자본이다.

이 구조는 수도권 중심의 기존 모태펀드 체계와 본질적으로 다르다. 모태펀드는 태생적으로 '전국적 사업'이다. 또한 결정적으로 '전국적 성과'를 요구한다. 사업의 성과는 결국 서울에서 결론이 나야 한다. 심사와 집행도 대부분 수도권 금융지구에서 이루어진다. 이 구조 속에서는 대전의 기술이 아무리 뛰어나도 '성장하는 자본'은 결국 서울로 향할 수밖에 없다. 대전·세종·충북이 한 몸처럼 움직여도 자본의 방향이 서울을 향하는 한, 생태계는 완성될 수 없다. 충청권산업투자공사는 정확하게 이 지점을 겨냥한다. 지역에서 태어난 기술이 성숙할 때까지, 제품이 완성될 때까지, 시장 검증을 거칠 때까지 지역 안에서 자본이 함께 견디는 구조를 만드는 것이다.

내가 이 법안에 힘을 쏟은 이유도 바로 여기에 있다. 대전이 기술 창업 수도가 되는 길은 새로운 연구시설을 더 짓는 일도, 더 많은 컨퍼런스를 여는 일도 아니기 때문이다. 그 모든 것을 하나로 묶는 자본이라는 심장이 필요하기 때문이다. 기업을 성장시키는 자본이 지역 내부에 없다면 아무리 많은 기술을 만들어도 또다시 수도권의 생태계를 키우는 데 쓰일 뿐이다.

충청권산업투자공사의 설계에는 또 하나의 중요한 원리가 포함되어 있다. 그것은 단순히 "대전의 기업을 돕자"는 것이 아니다. 좀 더 크게 충청권 전체를 하나의 성장권역으로 묶자는 구상이다. 대덕특구(연구), 세종(행정), 오송·오창(바이오·제약), 청주(반도체·서비스), 천안·아산(제조·디스플레이)이 각자 다른 기능을 맡아 왔지만, 그 기능들이 한 번도 자본에 의해 통합된 적은 없었다. 기능은 있었지만, 심장은 없었던 셈이다.

충청권산업투자공사는 바로 그 심장을 만들기 위한 구조다. 도시에서 도시로 혁신의 흐름을 연결하기 위해 자본의 박동을 넣어주는 것이다. 심장이 박동해야 혈액이 돌고, 혈액이 돌아야 근육과 장기가 제 역할을 할 수 있다. 충청권산업투자공사는 충청권을 기업의 임시 주소가 아니라 최종 주소지로 만들기 위한 기관이다. 기업이 기술을 개발하고도 판교로 떠나야 했던 이유는 충청권에 자본이 없어서였지, 충청권에 기술이 없어서가 아니잖은가. 심장이 생기면 이 악순환은 멈춘다. '기술→기업→성장→재투자'라는 자본의 순환고리가 처음으로 지역 내부에서 완결될 수 있기 때문이다. 이제 충청권은 기술이 아니라 자본을 위한 인프라를 구축해야 한다. 그 첫 번째 단계가 산업투자공사이다. 그리고 그 두 번째 단계가 다음 장에서 다룰 '혁신축(대전-세종-오송)의 구축'이다. 심장이 생기면, 코어 근육을 어떻게 강화할 것인가가 다시 다음 과제가 된다.

5장

+ 대전역에서 세종까지, 혁신축을 세워라

앞서 살핀 바와 같이 현재 대한민국의 벤처투자 구조는 거의 모든 혈류가 서울로 빨려 들어가는 형태다. 서울은 매년 전체 벤처투자의 50~60%를 가져간다. 2025년 1분기에도 서울의 벤처투자 비중은 49.73%였다. 대한민국 전체가 한 도시의 확장판처럼 작동하는 셈이다. 그 반면, 같은 시기 대전의 비중은 고작 8.61%였다. 그나마 대전은 양호한 편이다. 광주·전남·대구·울산 등은 1%를 넘기지 못한다. 한국의 창업 생태계는 '국가 단위 시스템'이 아니라 사실상 서울 단일 도시국가에 가깝다.

대한민국 창업 생태계의 현실, 수도권 절대주의

이런 서울 중심 구조는 글로벌 순위를 보면 더욱 뚜렷해진다. 샌프란시스코에 본사를 둔 글로벌 정책 자문 연구소, '스타트업 게놈'(Startup Genome)이 발표한 〈글로벌 스타트업 생태계 보고서(Global Startup Ecosystem Report) 2025〉에 따르면 서울은 세계 300개 도시가 경쟁하는 가운데 8위에 올랐다. 이 보고서에 따르면 아시아를 대표하는 스타트업 허브인 싱가포르나 도쿄를 제치고, 뉴욕, 런던, 텔아비브와 어깨를 나란히 한다. 좀 더 정확히 얘기하면, 한국 전체 순위가 높은 것이 아니다. 단지 '서울이라는 도시'가 매우 높은 것이다. 예상대로 도시 단위 경쟁에서 한국의 다른 도시는 거의 보이지 않는다. 대전이 366위, 부산은 세계 393위로 300위 밖으로 밀려나 있다. 이는 개별 도시의 생태계가 부실해서라기보다는 '서울 한 도시에만 투자와 네트워크가 집중된 구조' 때문이었다.

2024년 기준 서울의 벤처투자 금액은 3조 787억 원, 경기는 1조 2,954억 원을 기록한 반면, 대전은 4,263억 원, 충북 1,506억 원, 충남 1,194억 원, 세종은 42억 원에 그쳤다. 투자자는 "서울에 있으면 실패해도 다른 기회가 있다"고 말하지만, 대전·광주·대구의 창업자들은 "서울에 가지 않으면 기회 자체가 없다"고 말한다. 투자 흐름의 편중은 새로운 기업의 탄생뿐 아니라, 지역의 지속 가능성 여부까지 가늠하는 힘을 가진다.

이 구조는 단순한 '수도권 집중'이 아니다. 양승훈 교수의 논의를 빌리자면, '산업지리의 재편'이다. 과거 산업화 시대에는 부산과 울산, 창원, 여수 같은 도시가 제조업의 심장이었다. 그러나 2020년대에 접어들면서 한국의 고부가가치 산업—반도체, 2차 전지, 스마트폰, AI, 바이오—은 수도권과 충청권으로 거의 완전히 재편되었다. 특히 전략·기획·R&D·데이터·AI·바이오와 같은 '구상 기능'은 절대적으로 서울과 수도권에 몰려 있으며, 지방에는 생산 기능만 남았다. 지방 도시들의 공장과 산업단지는 여전히 존재하지만, 결정권은 모두 서울로 이동했다는 뜻이다. 대한민국은 보이지 않게 '수도권 심장-지방 말단' 구조로 고착돼버린 셈이다.

이 구조 안에서 서울은 계속 성장하지만, 지방은 백약이 무효다. 어떤 정책을 쓰더라도 지방의 성장 속도는 개선되기는커녕 외려 후퇴하게 된다. 왜냐하면 인력 수준, 자본, 기술 등 모든 영역에서 우위에 있는 서울로 벤처투자의 흐름이 연결되기 때문이다. 결국 벤처투자는 미래 산업의 지도를 그리는데, 그 지도가 지금 서울이라는 한 점으로만 선명하게 찍혀 있다.

그러나 하나의 예외가 있다. 이 강철처럼 단단한 서울 절대주의 구조 속에서, 대전·세종·충남·충북, 즉 충청권이 유일하게 반대 방향으로 성장하고 있다. 충청권 투자 비중은 2023년의 12.66%에서 2024년에는 10.56%로 떨어졌으나 2025년 1분기에는 다시 11.74%로 회복했다. 대전만 떼어놓고 보면 같은 통계에서 2021년 5.68%에서 2025년 1분기 8.61%까지 올라왔다. 청년 인구 유출 문제로 보더라도 최근 10년간 대전의 청년 순유출은 지속됐지만, 2020년 이후 유출 폭이 완화되며 '재도약 가능성 지대'로 들어섰다. 반면 세종·충남·충북은 모두 순유입 구조를 형성하고 있다. 따라서 충청권 전체로 보면 수도권 다음으로 청년 인구가 밀집된 권역이라 할 수 있다.

즉, 서울 쏠림 현상 속에서 전국에서 이 정도로나마 버티고 있는 곳은 충청권뿐이다. 서울이 지금 너무 크고 강력하다면, 해법은 명확하다. 서울과 대등한 파트너를 만들어야 한다. 그리고 당장 대한민국에서 이 역할을 수행할 수 있는 지역은 충청권이 사실상 유일하다. 앞에서 검토한 논의에서 알 수 있듯이, 충청권은 단기간에 대한민국의 두 번째 심장이 될 수 있는 단 하나의 지역이다. 충청권이 먼저 수도권의 중력에서 독립하고, 장기적으로 남부권도 독립할 수 있는 가교를 마련해야 한다. 산업의 지방분권이 잘 이루어진 독일 사례처럼 '5극 구조'로 이행하지는 못할지라도, 대규모 산업 클러스터 지역이 3곳 정도는 있다는 일본식 '3극 구조'(다만 수도권 1극의 힘이 다른 두 곳보다 훨씬 크기는 하다) 정도를 노릴 수 있게 된다.

충청권이 한국의 두 번째 심장을 만들 수 있는 이유

2020년대 이후의 산업구조 변화로 동남권 산업 도시들조차 주변부로 밀어냈다. 그 결과 대구·부산·광주 같은 지역 거점 도시들조차 쇠퇴하기 시작했다. 이 흐름을 역전시킬 가능성을 지닌 유일한 지역이 충청권이다. 이를 위해 대전에서 세종까지를 연결하는 혁신축 구축이 필요하다. 이는 단순한 낭만적 전망이 아니라는 사실은 앞서 충분히 밝혔다. 다시 정리하면, 바로 이곳에 기술과 연구의 기반이 있고, 그것을 잘 연결할 수 있는 공간의 재배치가 가능하기 때문이다.

충청권이 갖는 첫 번째 힘은 바이오·의약 분야의 압도적 성장 역량이다. 바이오 기업은 제조업보다 이전이 어렵다. 그래서 한번 자리를 잡으면 오래 머문다. 그런 점에서 바이오 산업은 도시의 정주·집적·성장 역량을 판단하는 대표 산업이다. 대전은 바이오 기술특례상장사 수에서 전국 6개 광역시 중 단연 1위다. 대전이 19개인데, 다른 광역시는 0~2개에 머문다. 또한 대전은 상장사 66개 중 바이오 기업이 30개로 45.5%에 달한다. 이 역시 전국 최고 비중이다. 기술특례상장이 이루어지는 R&D 집적지는 사실상 대덕특구뿐이란 얘기다. 대전은 바이오 기업의 평균 상장 소요 기간이 11.8년으로 전국에서 가장 짧다. 즉, 대전은 기술 중심의 창업 생태계를 만들 수 있는 원천기술의 역량이 있으며, 대한민국에서 드물게 딥테크 기업이 실제로 상장까지 갈 수 있는 도시라는 얘기다.

또한 충청권에는 대덕특구라는 한국에서 유일한 '연구·장비·전문가 집적지'라는 연구 기반이 있다. 이것이 두 번째 힘이다. 대덕특구는 단순한 연구단지가 아니라, 한국 과학기술의 원천기술을 만들어내는 근본적인 뿌리다. 대덕특구에는 수천 대의 고가 연구 장비, 연간 수백 건의 특허, 한국생명공학연구원(KRIBB)·한국전자통신연구원(ETRI)·한국과학기술정보연구원(KISTI)·기초과학연구원(IBS) 등 출연연 30여 곳, 4만 4천여 명의 연구인력이 있다. 그 저변에는 카이스트·충남대학교·한밭대학교 등 인재 공급 라인의 촘촘한 생태계도 깔려 있다. 전국적으로 이공계 여성·청년

인력이 증가하지만, 이렇게 증가한 인력이 정규직 연구·엔지니어 일자리로 연결되는 권역은 수도권과 충청권뿐이다. 즉 충청권은 '전국 이공계 인력의 유일한 대안지대'라는 구조적 우위를 가진다. 이는 딥테크·반도체 허브로의 도약 가능성을 결정짓는 가장 중요한 토대가 될 수 있다. 대덕 바이오 클러스터만을 봐도 2000년대 초반 몇 개 기관에 불과하던 생태계가 2024년에 이르면 168개 기업과 기관이 하나의 망을 이루는 수준으로 성장했다. 원천기술을 통해 창업하고, 이후 성장하고 확장하는 선순환까지는 구조적으로 작동 중이란 얘기다. 남은 것은 충분히 성장한 이후에도 수도권으로 떠나지 않을 만한 여건을 조성하는 것뿐이다.

세 번째 힘은 인구 560만 명의 메가시티라는 공간적 기반이다. 대전·세종·청주·오송·오창·천안·아산을 연결하면 이미 2024년 기준 560만 명의 인구를 보유하고 있다. 물론 부울경의 인구가 아직도 750만 명이 넘지만, 연결의 인프라를 더 신속하게 확충할 수 있는 곳은 충청권이라 볼 수 있다. KTX 및 SRT와 전국적으로 연결되어 있고, 대한민국 철도 교통의 중심은 오송 분기점을 적극 활용하고 있다. 거기에 세종 BRT와 대전 철도망을 연결하며, 트램(Tram)을 포함한 예정된 충청권 광역철도를 신설하고, 오창·오송 바이오 벨트를 형성하는 등 연속된 혁신축을 만들 수 있다. 조

금만 더 세심하게 연결하면 560만 명 인구가 30분 생활권 안에 재편된다. 따라서 충청권 메가시티 구상은 낭만적 비전이 아니라 실제의 연결 가능성이 확보된 전략지도인 셈이다. 서울을 제외한 다른 권역 중 이와 같은 첫째, 인구 규모, 둘째, 교통 접근성, 셋째, 산업 기반, 넷째, 행정 중심 기능을 함께 갖춘 곳은 충청권이 유일하다.

이렇듯 충청권은 기술(대덕특구), 인재(카이스트·충남대학교), 산업(바이오·반도체·우주 항공), 행정(정부세종청사), 공간 연결(광역철도)을 바탕으로 새로운 혁신축을 세울 수 있는 유일한 지역이다. 구체적으로는 '대전-세종-오송-오창'의 혁신축을 세워서 밀도를 채우고 동선을 재편해야만 한다.

공간을 재편해서 밀도를 채운다

그렇다고 지금 충청권에 약점이 없는 것은 아니다. 현재 충청권의 약점은 밀도가 너무 낮다는 점이다. 대전·세종·충북은 잠재력의 크기에 비해, 기술·자본·인재·공간이 하나로 모여 '부딪히는 지점'이 지나치게 적다. 창업자의 절대 수가 적으며, 벤처 캐피털과 액셀러레이터(AC)의 총합은 증가했으나 기업당 밀도가 낮다. 충청권 엔젤투자자 수는 1,038명으로 전국의 3.3% 수준이며, 대전의 액셀러레이터는 15개, 벤처 캐피털은 4개 정도밖에 안 된다. 보통 엔젤투자자(개인), 엑셀러레이터(초기 육성기관), 벤처 캐피털(펀드 투자기관) 순으로 창업 생태계가 성장하는데, 충청권은 개인 투자 저변·제도권 투자기관 밀도·실제 거래 빈도와 규모 모두 미약하다는 의미다. 대전 충청권의 투자 건수는 263건, 금액은 310억 원에 그친다. 한마디로 말하면, 서울 및 수도권에 비해 충청권은 창업가와 투자자가 서로를 만날 확률이 지나치게 낮다. 밀도란 곧 '기회의 빈도'다. 기회가 없으면 창업가는 서울로 이동한다. 투자자도 결국 서울로 돌아간다. 대전·세종·충북이 아무리 기술 잠재력이 커도 이 밀도의 부재를 해결하지 않으면 심장을 뛰게 만들 수 없다. 산소와 혈액이 부족해 심장이 뛸 수 없는 상황에 처한다.

김판건 대표는 이 문제에 대해 이렇게 말했다. "대전의 스타트업은 서로의 얼굴을 잘 모른다. 서 있는 사람끼리 서로 보이지 않는다." 기술이 서로 만나는 지점은 늘 '도시의 연결점' 위에서 일어난다. 보스턴의 켄달스퀘어가 세계 1위 바이오 클러스터가 될 수 있었던 이유는 MIT·연구소·스타트업·카페·레스토랑 등이 1마일(약 1.6킬로미터) 안에 몰려 있었기 때문이라고 한다. 그래서 켄달스퀘어는 '지구상에서 가장 혁신적인 평방마일'(The Most Innovative Square Mile on Earth)이라고 불린다.

그러나 대전의 지도는 정반대의 모습을 보여준다. 카이스트와 충남대학교가 다른 쪽으로 펼쳐져 있고, 출연연은 대덕연구단지에 흩어져 있으며, 창업 허브는 유성구청 뒤편에, 'IC 파크'는 더 북쪽에, 심지어 바이오 클러스터는 오송으로 멀리 떨어져 있다. 많은 것들이 있는데, 한 점에 모여 있지 않다. 충청권 혁신지대의 문제는 무엇이 부족해서라기보다 그것들이 분산되어 있어서 발생하는 문제다.

대전과 충청권은 기술의 질과 양에 대해서 늘 자랑해왔다. 하지만 그것들이 서로 만나는 접점의 부족에 대해서는 사고하지 않았다. 접점이 없으면 혁신은 흐르지 않는다. 흐르지 않는 혁신은 결국 사라진다. 이 문제를 해결하기 위해서는 공간의 재편이 필요하다. 김판건 대표의 경우 '충남대학교-카이스트-유성구청-창업타운-대전역'으로 이어지는 하나의 긴 동선을 '한 줄'로 묶어서 밀도를 만드는 계획, 'UA(University Avenue) 2040'을 제시했다.

우리가 지금까지 살펴보았던 바와 같이, 이러한 공간의 재설계는 마강래 교수 등 다른 전문가들도 익히 강조한 것이었다. 이제 대전은 단순한 연구도시가 아니라 연결을 통해 도시의 리듬을 만드는 실험을 해야 하는 시점에 와 있는 것이다.

'매주 목요일'의 생태계, 시간도 밀도로 채우기

밀도는 공간만을 의미하지 않는다. 밀도는 시간의 패턴이기도 하다. 가령 실리콘밸리에서는 매일 무언가가 열린다. 이스라엘의 최대 도시이자 벤처의 온상인 텔아비브는 주중 세 번, 창업가들이 자연스럽게 모이는 문화가 있다. 창업가·투자자·교수·엔지니어가 어떤 요일에 어디로 모이는지가 도시의 혁신 속도를 결정한다.

그러나 충청권은 정반대다. 창업 관련 행사는 존재하지만 시간의 흐름이 제각각이다. 일정한 패턴도 없다. 그래서 사람들이 어디에서 만나는지 모른다. 어떤 날 모이면 되는지도 모른다. 김판건 대표는 이를 해결하기 위해 아주 단순하지만 강력한 제안을 내놓았다. "매주 목요일을 대전에 모이는 날로 만들자."

이 말엔 단순한 일정 제안 이상의 의미가 담겨 있다. 서울의 창업가들이 '강남역·삼성역·성수' 같은 명확한 시간·공간 패턴을 가지고 있듯, 대전도 자신의 '리듬'을 만들어야 한다는 뜻이다. 대전은 대전 스타트업타운, 대전 창조경제 혁신센터, 유성구청 컨퍼런스홀, 한국전기통신연구원 AI 창업센터, 충남대학교 캠퍼스 등 모일 수 있는 장소가 엄청 많다. 부족한 것은 장소가 아니라 일정의 통일이다. 혁신은 언제나 반복되는 리듬을 만들어야 일어난다. 대전이 창업 생태계의 심장 역할을 하려면 그 리듬을 도시 전체가 공유해야 한다.

다시 한번 확실히 하자면, 충청권의 약점은 '역량의 부재'가 아니라 '연결의 부재'다. 대전·세종·충북은 기술이 없다거나, 인재가 없다거나, 연구가 부족한 도시가 아니다. 앞서 보았듯 대전은 오히려 기술 창업에 있어 한국에서 가장 강력한 도시다. 문제는 기술의 양이 아니라 기술이 다른 요소와 만나는 접점이다. 서울은 기술·자본·인재의 삼각형이 한 점에 모여 있다. 보스턴은 밀도가 세계 최고다. 실리콘밸리는 리듬을 갖춘 생태계다.

그러나 충청권은 "잠재력은 높지만, 서로 보이지 않는다." 이것이 가장 근본적인 약점이다. 충청권이 대한민국의 두 번째 심장이 되려면 이 약점부터 해결해야 한다. 기술이 모이고, 사람이 모이고, 자본이 모이고, 아이디어가 공간과 시간 속에서 연결되는 지점을 만들어야 한다. 그 지점을 만드는 설계도가 바로 '대전-세종-오송-오창'의 혁신축이다. 심장이 생기고 혈액을 순환시킨다면, 펌프의 힘으로 우리의 직립된 신체를 지탱할 코어 근육을 본격적으로 단련해야만 한다.

'플랫폼 유니콘'이 아니라 '딥테크 데카콘'을 목표로

대전이 만들어야 할 생태계는 지금 한국에서 주류로 여겨지는 '플랫폼 중심의 유니콘 모델'과는 전혀 다른 방향이어야 한다. 한국의 유니콘 기업 중 상당수는 B2C 기반 서비스 기업이다. '쿠팡'이 그렇고, '배달의민족'이 그렇다. 빠르게 성장하고, 빠르게 회수되며, 대중의 주목을 받을 수 있다. 그러나 이 모델은 대전과 충청권의 산업구조와 맞지 않는다. 대전의 강점은 속도가 아니라 깊이다. 플랫폼이 아니라 기술이다. 표면이 아니라 기초과학과 실험실이다.

김판건 대표는 인터뷰에서 이에 대해 분명히 말했다. "대전이 따라가야 할 것은 플랫폼 기반 유니콘 기업이 아니라, 박세리·김연아 같은 '초거대 기술 기업인'입니다." 유니콘 한 마리를 만드는 것이 목표가 아니라, 세계 시장을 움직일 수 있는 깊은 기술의 압도적 인재를 만들어야 한다는 말이다. 이 비유는 단순한 미사여구가 아니다. 한국의 기술·창업 생태계 구조를 정확히 짚고 있기 때문이다.

전 세계 유니콘 기업의 46%가 B2B(기업 대상) 딥테크 분야다. 이스라엘은 68%가 B2B 기반이다. 미국 실리콘밸리는 플랫폼보다도 오히려 반도체·AI·데이터·바이오·클라우드처럼 기초기술을 핵심 성장엔진으로 채택하고 있다. 그러나 한국의 유니콘 구조는 정반대다. 국내 유니콘의 절반 이상이 이커머스, 모빌리티, 푸드테크, 핀테크, 중개 플랫폼 기반이다.

대부분 사용자 수를 기반으로 빠르게 성장하는 모델이다. 대전에 이런 산업을 주도할 환경은 없다. 대전은 소비자가 만드는 도시가 아니라 기술이 생산되는 도시이기 때문이다. 대전에서 플랫폼 기반 B2C 서비스를 하려고 하면 소비자가 밀집한 서울과 수도권을 따라갈 수 없다. 그러나 기술 기반 딥테크 경쟁에서는 대전이 서울에 대해 비교 우위를 지닐 수 있다. 대전은 한국에서 유일한 '기술 중심 도시'이기 때문이다.

딥테크는 성장의 속도가 느리다. 바이오는 10년, 반도체는 15년, 우주 항공은 20년의 시간이 걸릴 때도 있다. 그러나 성공했을 때의 파급력은 플랫폼 산업과 전혀 차원이 다르다. 지금 대한민국을 대표하는 바이오 초거대 기업들의 상당수가 대전에서 태어났다. 2025년 12월 현재 시총 28조 원대의 알테오젠, 7조 원대의 리가켐바이오사이언스가 대전에서 태어났다. 이밖에도 펩트론(시총 7조 원대)과 오름테라퓨틱스(시총 4천억 원대)도 대전에서 성장했다. 이 기업들은 모두 대전의 연구기관에서 대전의 과학자들에 의해 태어난 기술로 사업화하여 성장하였다. 비록 지금의 본사는 송도나 판교로 이전한 경우에도, '기술의 태생'은 대전인 것이다. 이 말은 곧, 대전이 기술 기업을 키울 수 있는 근육과 골격은 이미 갖췄다는 뜻이다. 이제 남은 것은 심장을 지역 안에 두는 것, 즉 자본과 성장 공간을 지역 자체가 보유하는 일이다.

딥테크는 속도가 느린 산업이다. 그러나 속도가 느리다는 것은 곧 경쟁자가 적다는 의미기도 하다, 무엇보다 지금 한국의 창업 생태계에서 충청권이 비교 우위를 가질 수 있는 영역이란 뜻이기도 하다. 대전은 속도로 경쟁하는 도시가 아니라 깊이로 경쟁하는 도시가 되어야 한다.

대전의 창업자·연구자들은 공통된 한 가지 경험을 말한다. "초기에는 대전에서 버틸 수 있지만, 스케일업 단계가 되면 결국 서울로 가야 한다." 왜 그럴까? 딥테크 기업의 상용화 단계에서는 평균적으로 300억~1,000억 원이 필요하다. 그러나 충청권의 벤처 캐피털·액셀러레이터의 운용자산(AUM) 총합은 6,788억 원에 불과하다. 단일 기업이 필요한 성장자금이 지역 전체의 운용자산을 초과할 수도 있는 구조다. 이 때문에 딥테크 기업이 성장곡선에 들어가는 순간 지역은 더 이상 그 기업을 붙잡아둘 수 없다.

김판건 대표는 이를 '대전의 스케일업 구멍'이라고 표현했다. 초기에는 지역에서 자라지만, 성숙 시점이 되면

'대전 → 서울(판교/송도)'로 이주하는 흐름이다. 이 패턴이 반복되는 한 대전은 기술의 산실이지만, 성장의 수혜는 늘 수도권이 가져가는 '구조적 역류'가 지속될 수밖에 없다. 따라서 대전이 만들어야 하는 생태계의 핵심은 '초기 기업'이 아니라 '스케일업 기업'을 붙잡는 구조다. 이 구조 없이 대전은 다시 기술의 실험실에 머문다. 대전이 기술 창업 수도가 되려면, 우리는 스케일업의 심장을 충청권 내부에 두어야 한다.

대전·세종·충북은 플랫폼 경제를 만들 수 없다. 더 정확히 말하면 플랫폼 경제에서는 서울을 이길 수 없다. 플랫폼 경제는 사용자 수를 기반으로 성장하는 모델이기에, 타 지역은 수도권과는 경쟁할 수 없다. 또한 성공한 플랫폼 기업을 만들어봤자 새로운 기술적 역량이나 새로운 일자리가 창출되는 것도 아니다. 쿠팡이나 배달의민족이 성공을 거두더라도 새로운 영역이 창출된다기보다는, 기존의 영역을 잠식하면서 이윤을 창출하게 된다. 이는 대전이 잘 할 수 있는 바도 아니고, 대전이 대한민국에 기여할 수 있는 바도 아니다. 그러나 딥테크 경제에서는 대전만이 가진 구조적 강점이 있다. 딥테크의 경쟁은 도시의 규모보다 연구 인프라, 인재, 실험 장비, 대학, 출연연, 그리고 연결성의 조합으로 결정될 수 있기 때문이다.

그 조합을 한국에서 유일하게 갖춘 곳이 충청권이다. 대전은 단순히 기업가치가 10억 달러 이상인 유니콘 기업이 아니라 딥테크 기반 데카콘 기업을 목표로 해야 한다. 이스라엘의 대표적인 클라우드 보안 기업 위즈(Wiz)나 스웨덴의 핀테크 기업 클라르나(Klarna) 같은 데카콘 기업을 목표로 해야 서울조차 할 수 없는 역할을 떠맡아서 기업과 도시를 동반 성장시킬 수 있다.

대전이 스스로에게 물어야 할 질문은 단 하나다. "우리는 플랫폼의 도시인가, 기술의 도시인가?" 그 답은 이미 정해져 있다. 대전은 플랫폼이 없는 대신 실험실이 있고, 플랫폼이 없는 대신 과학자가 있고, 플랫폼이 없는 대신 출연연과 대학이 있다. 대전은 기술의 도시다. 서울이 소비자 혁신의 심장이라면, 대전은 기술 혁신의 심장이 되어야 한다. 이제 대전·세종·충북이 함께 만들어야 할 목표는 유니콘이 아니라 딥테크 데카콘, 즉 세계 시장에 영향을 미칠 수 있는 기술 기반 대기업이다.

딥테크 데카콘을 만들기 위해선 기술과 자본에 이어, 공간과 연결의 혁신, 즉 혁신축이 필요하다. 이제 우리는 그 혁신축을 설계할 차례다.

정책적 설계, 충청권산업투자공사 + 모태펀드 개편

대전·세종·충북이 기술의 잠재력을 넘어 세계적 기술기업의 도시로 성장하려면 마지막 퍼즐 한 조각이 필요하다. 그것은 더 이상 기술도 아니고, 인재도 아니고, 공간도 아니다. 정책의 구조, 그리고 자본의 흐름 그 자체다. 정책의 방향은 필연적으로 '자본의 심장 만들기'로 수렴했고, 그 첫 번째 도구가 충청권산업투자공사였다.

4장에서 살펴본 것처럼, 딥테크는 3년~5년의 시간이 아니라 10~15년의 시간을 견디는 산업이다. 그러나 한국의 모태펀드는 1~3년 평가, 중간 성과 중심, 단기 회수 중심으로 설계되어 있다. 이 두 시간의 흐름은 만나기 어렵다. 이 충돌을 해결하기 위해 설계된 것이 2025년 4월 29일에 내가 대표 발의한 '충청권산업투자공사 설립 및 운영에 관한 법률안'이다. 법안의 구조는 명확하다. 정부와 지자체(대전·세종·충북), 산업은행·기업은행·수출입은행 같은 정책금융기관이 함께 출자하여 3조 원 규모의 장기 모험자본을 조성한다는 것이 골자이다.

이는 공공출자금 중심의 기존 모태펀드와 다른, 권역 단위 심장을 만드는 일이다. 이 공사가 다루게 될 기업은 가시적 매출이 빠른 플랫폼 기업이 아니다. 반도체·바이오·AI·

우주 항공·국방 같은 딥테크 기반 기업들이다. 이 기업들이 상용화 단계에서 필요한 300억 원~1,000억 원 규모의 성장자금을 지역 내부에서 공급받을 수 있도록 하는 것이 충청권산업투자공사의 가장 중요한 목적이다.

이것은 단순 투자기관이 아니다. 대전·세종·오송·오창을 잇는 혁신축의 자금순환 시스템이다. 그래서 충청권산업투자공사의 역할을 다시금 혁신축의 역할과 연결된다. 기술이 대전에서 태어나고, 규제·행정은 세종에서 지원되고, 성장은 오송·오창에서 일어나며, 회수와 재투자가 다시 충청권 내부에서 순환하는 구조가 되어야 한다. 그래야 혁신축이 작동하기 때문이다.

그러나 충청권산업투자공사 하나만으로는 충분하지 않다. 충청권산업투자공사가 스스로 3조 원을 운용하더라도 딥테크 전 분야를 다 감당하긴 어렵기 때문이다. 따라서 두 번째 축은 모태펀드의 지역 편중 구조를 바꾸는 일이다. 현재 모태펀드의 지역 비중은 12.7% 수준이다. 그런데 한국의 벤처투자가 서울에 집중되어 있기 때문에 실제로 지역 기업에 도달하는 비중은 이보다 훨씬 낮다.

모태펀드의 출자금은 지방 펀드에도 들어가지만 운용은 대부분 서울에서 이루어지기 때문이다. 따라서 한국형 딥테크 생태계를 구축하려면 모태펀드의 배분 구조를 '전국 단위'에서 '지역 단위'로 전환해야 한다. 지금의 12.7%에 머물러서는 안 되며, 국가가 출자하는 자금의 30%는 지방 경제의 자본 심장을 만드는 데 사용되어야 한다.

이 변화는 단순한 행정조치가 아니다. 이는 국가 혁신의 지도를 다시 그리는 일이다. 기술이 지방에 있고, 인재가 지방에 있고, 전략 산업이 지방에 있고, 연구비의 절반이 지방에서 쓰이는데 회수와 재투자가 모두 서울에서 일어나는 구조는 이제 더 이상 지속 가능하지 않다.

충청권산업투자공사와 모태펀드 개편이 큰 규모의 자본을 충청권에 공급하는 일이라면, 이제 필요한 것은 전문성이다. 딥테크 기업은 단순 재무적 분석으로는 투자할 수 없다. 실험실의 실패도 견뎌낼 수 있는지, 기술은 안정적인지, 시장 진입 장벽은 어느 정도인지, 국제 특허 구조는 어찌 되는지 등 고도의 전문성에 의한 판단이 필요하다. 그래서 여러 전문가들은 일종의 '딥테크 스페셜리스트 펀드'의 필요성을 함께 말씀해주셨다. 충청권은 이미 카이스트·한국생명공학연구원(KRIBB)·한국전자통신연구원(ETRI)·대덕특구라는 전문가 생태계를 갖고 있기 때문에 역설적이지만 대한민국에서 가장 전문적인 투자 심사가 가능한 도시다.

이 전문성을 제도화하기 위해선 산업은행(성장/정책금융), 모태펀드, 충청권산업투자공사. 지역 대학교(기술 검증).

출연연(기술 실사) 등이 함께 참여하는 광역 딥테크 전용 펀드가 필요하다. 이 펀드는 단순한 투자기관이 아니라 기술의 가능성을 국가 차원에서 검증하고, 충청권 내부에서 성장시킬 수 있는 기술-자본 연동 시스템의 핵심 모듈이다.

어떤 기술도 자본의 구조를 넘어설 수 없다. 대전이 기술 창업 수도가 되려면 혁신은 실험실에서 태어나고, 성장은 충청권에서 일어나며, 회수와 재투자 역시 충청권에서 반복되어야 한다. 이것이 바로 '두 번째 심장'을 만드는 일이다. 서울이 대한민국의 첫 번째 심장이라면, 대전·세종·오송·오창의 혁신축은 기술 기반 성장의 두 번째 심장이 되어야 한다.

도시는 하루아침에 바뀌지 않는다. 기술이 태어나는 데에만 몇 년이 걸릴 수 있고, 기업이 성장하는 데는 10년은 걸리며, 생태계가 만들어지는 데는 최소 20년이 걸린다. 보스턴의 켄달스퀘어가 그랬고, 샌프랜시스코의 실리콘밸리도 그랬다. 대전과 충청권 역시 예외일 수 없다. 그렇다면 우리는 어디로 가야 하는가? 충청권이 '한국의 두 번째 심장'이 되기 위해서는 명확한 시간의 설계도가 필요하다. 그 설계도는 두 단계로 나누어볼 수 있다.

시간의 설계도 1단계, '밀도 구축기'

먼저 2025년에서 2030년을 '밀도 구축기'로 삼아야 한다. 충청권이 세계 30위권 안에 드는 창업 생태계로 도약하려면 가장 먼저 해야 할 일은 흩어진 것들을 붙이는 것, 그리고 연결되지 않은 것들을 연결하는 것이다. 이 일은 일견 단순해보이지만 그 효과는 강력할 것이다. 이를 위해 다음의 제안이 요구된다.

첫째, 충남대학교에서 카이스트로, 카이스트에서 유성구청과 창업타운으로, 창업타운에서 대전역으로 이어지는 혁신축을 하나의 '선'으로 만들어야 한다. 앞서 말한 'UA2040'의 복안이다. 이 축의 목표는 화려함이 아니다. 걸어서, 자전거로, 트램으로 서로 만나고 부딪히고 협업할 수 있는 거리의 탄생이다. 혁신은 공간 그 자체에서 탄생하는 것이 아니라, 공간에서 만나는 사람들 사이에서 탄생한다.

둘째, 대전 트램 완공 및 광역철도 체계 확립이다. 대전의 트램과 세종의 BRT, 오송의 철도망이 하나의 네트워크처럼 작동하면 대전·세종·오송·오창은 실질적인 30분 생활권이 된다. 560만 명의 메가시티가 걸어서 연결되는 일본식 도시가 아니라, 철도·트램 기반의 21세기형 압축 도시가 된다. 여기에 내가 지난 총선에서 최초 제안하여 대전 지역 의원들의 공동 공약으로 확정했고, 지난 대선 이재명 대통령의 공약으로 반영된 CTX-a 노선, '옥천-대전-세종-공주-당진'이 연결되면 충청권의 혁신은 수도권과 남부권에도 연결되어 영향을 미치게 된다. 가령 4장에서 언급한 남부 반도체 메가클러스터 전략은 대전을 설계·R&D·IP 중심지로, 그리고 충북과 충남을 생산·공급망 허브로 설정하게 된다.

셋째, '스퀘어 마일'(Square Mile) 후보지 확정 및 파일럿 조성이다. 대전의 '압축된 혁신지대'는 갑천변·충남대학교 일대·도시철도 2호선 라인 등 여러 후보지 중 하나에서 시작할 수 있다. 더 중요한 것은 완성이 아니라 신호다. '여기서 만나는 사람들이 미래를 만든다'는 신호, 그 신호 하나가 도시의 리듬을 바꾼다.

넷째, 엔젤투자자 2,000명 시대를 연다는 목표다. 현재 1,038명에서 2,000명은 두 배가 아니라, 충청권 생태계의 안정성과 자생력을 의미하는 상징적 수치다. 엔젤투자자는 지역 기업의 첫 번째 투자자이자, 대전이라는 도시의 첫 번째 후원자다. 이 숫자가 늘어나면 생태계는 자연스럽게 살아난다.

마지막으로, 정책의 일관성이다. 창업타운·유니콘라운

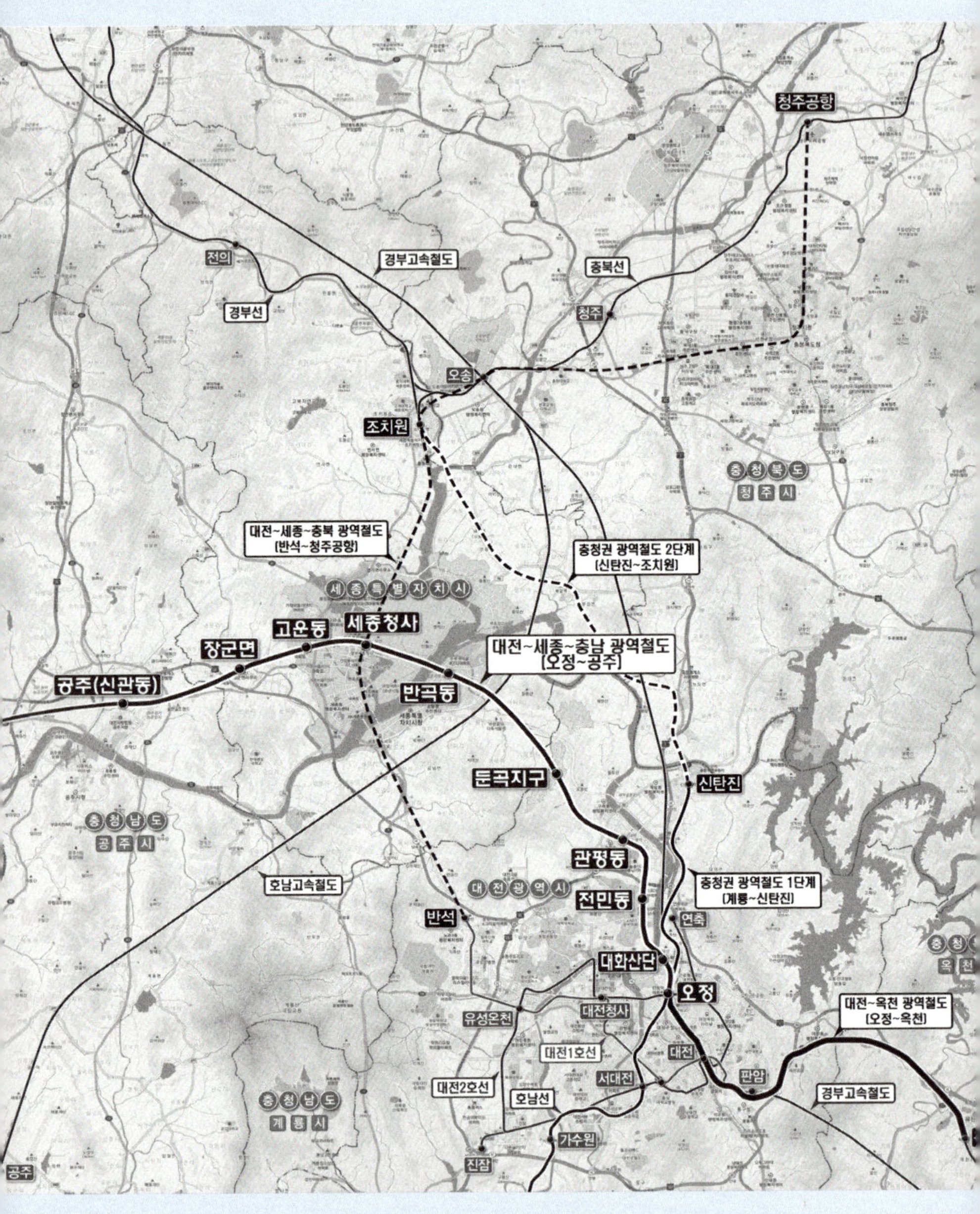

CTX-a 노선은 '옥천-대전-세종-공주-당진'으로 이어지는 노선으로, 대략 4시에서 10시 방향으로 올라가며 축을 이룬다. 마강래 교수가 말한 '대전-세종-오송'으로 연결되는 축을 연결하는 노선이다. 이 노선이 실현되어야 코어 근육이 그 힘을 제대로 발휘할 수 있다.

지·혁신특구·스타트업 파크 등 많은 공간이 있지만 그 공간들 사이의 시간표와 기능표가 없다. 각 공간이 하나의 생태계로 이어지기 위해 월·주·일 단위의 리듬을 만드는 일이 필요하다. 가령 김판건 대표의 '매주 목요일은 대전에 모이는 날'이라는 제안은 그 리듬을 만드는 첫 구체적 제안이 될 수 있다.

시간의 설계도 2단계, '심장 형성기'

기초적인 연결과 밀도가 구축된 뒤에는 대전과 충청권이 더 구체적으로 '심장 확장기'로 들어선다. 이 단계의 목표는 단순하다. 세계 30위권 창업 생태계, 그리고 딥테크 데카콘 기업 2개다. 이를 위해 다음의 것들이 필요하다.

첫째, 바이오 특화단지의 완성이다. 오송·오창·대덕이 삼각 구조로 연결되면 한국은 미국 보스턴 다음으로 큰 규모의 바이오 벨트를 갖게 된다. 대전은 바이오 상장기업 19개, 대덕특구는 168개 바이오 기업 생태계, 충북 오송은 바이오 생산기지, 충남은 의약·제약의 확장 가능성을 이미 확보했다. 바이오는 충청권이 세계와 경쟁할 수 있는 가장 확실한 산업이다.

둘째, 지역 벤처 캐피털 비중 20% 달성이다. 지금은 충청권 전체가 12% 내외로 움직이지만 2030년 이후 충청권 산업투자공사, 모태펀드 지역 계정 확대, 딥테크 전문 펀드 조성 등을 통해 충청권 투자 비중이 20%까지 상승하면 대한민국의 자본지도가 재편되기 시작한다.

셋째, '스퀘어 마일'(Square Mile)과 'UA2040'의 완성이다. 보스턴의 켄달스퀘어가 20년에 걸쳐 완성되었듯, 대전 역시 적어도 그 정도 시간은 필요하다. 하지만 UA2040 계획과 트램 설치, 대전역 도심융합특구 조성, 세종 행정수도의 완성, 오송·오창의 산업 집중이 향후 10년이라도 동시다발적으로 이루어진다면 대전은 전혀 다른 도시가 된다. 자연스럽게 모이고, 부딪히고, 성장하는 '혁신의 촉매 도시'가 된다.

넷째, 딥테크 데카콘 기업 2개 탄생이다. 대전이 목표로 해야 할 것은 유니콘 기업 10개가 아니라 심장을 뛰게 하는 데카콘 기업 1~2개다. 알테오젠·리가켐바이오사이언스·펩트론·오름테라퓨틱스와 같은 기업들은 이미 전조(前兆)를 보여주고 있다. 이 기업들이 대전에서 생산·연구·정책·자본이 한 몸처럼 움직이도록 설계한다면 세계적 기술기업은 충청권에서 탄생할 수밖에 없다.

다섯째, 560만 명의 메가시티 완성이다. 대전·세종·청주·천안·아산은 이미 하나의 도시권이다. 2030~2040년

사이 광역철도·도시철도·트램·연담생활권*이 정착되면 이곳은 단순한 지역이 아니라 대한민국의 두 번째 심장, 즉 한국 미래 경제의 중추를 담당할 수도 있는 거대한 도시권이 된다.

충청권은 '20년의 시간 계획'을 바로 지금 시작해야 한다

대전과 충청권의 미래는 "무엇을 갖고 있는가"보다 "어떤 구조를 만들 것인가"에 달려 있다. 기술은 이미 있다. 대덕특구도 이미 있다. 세종도, 오송과 오창도 이미 있다. 이제 남은 것은 이 모든 것을 하나의 심장, 하나의 리듬, 하나의 도시로 묶어내는 일이다. 20년은 도시가 변화하기에 충분한 시간이다. 보스턴도 그랬고, 텔아비브도 그랬다. 대전과 충청권 역시 이제 자신들의 20년을 가질 차례다.

* 연담생활권은 여러 도시나 마을이 인접해 생활·경제·문화적으로 긴밀하게 연결된 생활권을 일컫는 용어로, 주민의 삶의 질 향상과 지역 균형 발전을 위해 정책적으로 활용되는 생활권 유형이다.

사람과 정치,
도시를 움직이는 힘

+ 전시행정의 실패, 청년몰의 교훈
+ 스타트업을 넘어 스케일업(Scale-up)으로
+ 소제동 관사촌이 남긴 숙제
+ 아주 오래된 도시의 새로운 실험
+ '메이드 인 대전'의 자부심
+ 사람이 떠나지 않는 사다리 만들기

3부

도시는 건물이 아니라 사람을 키울 때 성장한다. 청년몰에서 쫓겨나는 상인, 투자를 받지 못해 떠나는 기업은 '성장의 사다리'가 끊어진 현실을 보여준다. 보여주기식 지원은 이제 멈춰야 한다. 대전은 이미 한 번 성장했고, 한 번 정체했던 도시다. 이제 다시 질문을 던질 시점이다. 과거의 유산을 밀어버리는 대신 미래의 자산으로 삼고, 실패한 청년이 다시 일어설 수 있는 단단한 사다리를 놓는 것, 그것이 사람을 위한 정치다.

6장

+ 청년몰에서 쫓겨나는 청년들, 스케일업의 사다리가 필요하다

이제 청년이 아니니, 곧 나가주세요

2025년 8월 25일 국회 의원회관의 한 회의실에서 스무 명 남짓의 청년 상인들과 마주했다. 서울을 비롯해 부산, 대구, 인천, 대전, 천안, 여수, 원주, 속초, 삼척 등 전국 각지에서 모인 청년 상인들과의 이야기를 듣기 위해 만든 '청년 소상공인·자영업자 정책 간담회' 자리에서였다. 이 자리에서 청년 상인들은 하나같이 비슷한 경험을 털어놓았다. 그들은 정부가 마련해준 '청년몰'이라는 인큐베이터에서 장사를 시작했고, 살아남기 위해 고군분투했다. 그러나 그들이 자리를 잡기도 전에 마주한 현실은 '성공'이 아니라 '퇴

2025년 8월 25일 국회 의원회관의 한 회의실에서 열린 '청년 소상공인·자영업자 정책 간담회'. 서울을 비롯해 부산, 대구, 인천, 대전, 천안, 여수, 원주, 속초, 삼척 등 전국 각지에서 모인 스무 명 남짓의 청년 상인들과 마주했다. 이 자리에서 청년 상인들은 하나같이 비슷한 경험을 털어놓았다. 그들은 정부가 마련해준 '청년몰'이라는 인큐베이터에서 장사를 시작했고, 살아남기 위해 고군분투했다. 그러나 그들이 자리를 잡기도 전에 마주한 현실은 '성공'이 아니라 '퇴거 통보'였다. 이날 간담회를 마치면서 정책은 '창업'을 지원하는 게 아니라 '성장의 사다리'를 만들어야 한다는 걸 깊이 깨달았다.

거 통보'였다.

천안의 한 청년몰에서 영업하던 상인은 이렇게 말했다. "어느 날 담당 주무관이 바뀌더니, 이제 당신은 나이가 찼으니 청년이 아니다. 한 달 안에 나가라는 통보를 받았다." 그가 가장 당황한 것은 '나가라'는 말 자체보다도 이 사업을 대하는 그들의 무책임함이었다. 지원사업이 종료되었는데도 그 다음에 어디로 가야 하는지, 무엇을 준비해야 하는지, 어떤 가이드라인이 있는지 아무런 안내도 없었다. 인큐베이터에서 배양을 마치면 '졸업'이라는 이름으로 자연스럽게 다음 단계로 연결되어야 하는데, 그 졸업이 아니라 '추방'처럼 느껴졌다는 것이다.

성공했다고 해서 상황이 나아지는 것도 아니었다. 대구 현풍백년도깨비시장에서 연 매출 6억 원을 달성하며 8.5평짜리 가게를 키워낸 신상진 대표의 이야기는 역설적이었다. "매장이 잘 되니 주변의 견제가 심해지더니, 나중에는 담당 공무원이 와서 여기는 인큐베이팅 공간이니 잘 되는 업체는 나가서 창업하라고 하더라"라며 억울함을 호소했다. 잘 되면 잘 된다고 나가라 하고, 나이가 차면 나이가 차서 나가라 했다는 것이다. '나가라'는 명령의 근거는 서로 다르지만, 결론은 같았다.

그런데 나가면 갈 곳이 없었다. 여수 꿈뜨락몰에서 장사를 하던 배종진 대표는 청년몰을 나온 직후 '임대료 충격'을 겪었다고 했다. "청년몰에 있을 때는 보증금이 100만 원 수준이었는데, 밖으로 나와 내 가게를 얻으려니 보증금이 2,000만 원으로 20배가 뛰었다." 정책이 제공한 것은 '공간'이었지만, 정책이 책임지지 않은 것은 '성장'이었다. 씨앗은 뿌리게 해주었지만, 나무가 되어 숲으로 나아가는 길은 끊겨 있었다.

나는 이들의 목소리를 들으며 앞서 딥테크 기업들을 두고 했던 고민을 다시 떠올렸다. 성장을 지켜볼 지역의 정책적 배려가 없는 것은 골목상권에서도 마찬가지였다. 대전의 딥테크 기업이 '초기에는 버틸 수 있지만 스케일업 단계가 되면 결국 판교로 가야 한다'고 말하듯, 청년 상인 역시 '초기에는 버틸 수 있지만 자리를 잡으려는 순간 밖으로 내쫓긴다'고 말한다. 양쪽 모두 '초기 창업'이 아니라 '성장'에 대한 관점과 지원이 부재한 것이 문제다.

청년몰은 왜 실패했는가, 좋은 의도가 만든 구조적 함정

애초 청년몰은 두루 '좋은 의도'로 설계되었을 것이다. 노후 상권을 살리고, 청년에게 기회를 제공하고, 지역 경제에 활력을 불어넣겠다는 그런 '좋은 의도'로. 그러나 현장에서 청년들이 경험한 것은 '기회'라기보다 '정책이 만든 짧은 쉼표'에 가까웠다. 문제의 핵심은 단순히 임대료 문제가 아니다. 정책의 시간과 시장의 시간이 어긋났다는 데 있다.

좀 더 구체적으로 살펴보자. 청년몰 사업은 보통 2~3년 단위로 지원한다. 리모델링을 하고, 입점 기준을 세우고, 교육 프로그램을 붙이고, 성과를 평가한다. 정책은 그 짧은 기간 안에 '눈에 보이는 결과'를 요구한다. 그러나 시장은 전혀 다른 시간으로 움직인다. 하나의 상권이 만들어지고, 한 가게에 단골이 붙고, 재투자가 가능해지는 데에는 최소 5년에서 10년이 걸린다. 청년몰은 이 시간을 견디는 구조를 갖추지 못했다.

그래서 정책이 끝나는 순간, 청년들은 '성장'이 아니라 '퇴거'라는 결말을 맞이한다. 간담회에서 나온 말들이 그것을 증명한다.

"여기까지 버텼는데, 이제 나가라고 한다."

"매장이 잘 되니 나가라고 한다."

"이제 청년 연한이 지났으니 나가라고 한다."

정책은 시작을 도왔을 뿐 성장의 사다리는 만들지 않았다. 청년몰은 인큐베이팅 공간이 아니라 '정책 기간이 끝나면 철수해야 하는 실험실'이 되어버렸다.

이 실패는 청년 상인의 개인 역량 문제도, 특정 시장의 특수성 문제도 아니다. 설계의 문제다. 도시는 청년이 '시작할 수 있게' 해주는 것만으로는 충분하지 않다. '버티게' 해주고, '확장하게' 해주어야 한다. 졸업은 추방이 아니라 확장이어야 한다.

'청년구단'의 아픈 기억과 '예산'으로 떠난 막걸리

내 지역구인 대전 동구 중앙시장에는 '청년구단'이라 불리는 청년몰이 한때 있었다. 한 방송 프로그램에 소개되며 전국적인 유명세를 탔던 곳이다. 그러나 지금 그곳은 사실상 문을 닫았다. 많은 청년이 꿈을 안고 들어왔지만, 현실의 벽을 넘지 못하고 흩어졌다. 지역구 국회의원으로서 그 텅 빈 공간을 볼 때마다 마음 한구석이 무거웠다.

그런데 이날 간담회에서 나는 놀라운, 그리고 뼈아픈 이야기를 들었다. 예산시장에서 막걸리를 만들고 있는 박유덕 대표의 이야기였다. 그는 바로 그 대전의 '청년구단'에서 장사를 시작했다고 했다. "저는 청년구단에서 시작해서 지금은 예산시장으로 터를 옮겼습니다. 망해서 간 게 아니라, 더 큰 도약을 위해서였습니다. 지금은 직원 12명에, 연간 예산 쌀 150톤을 쓰는 기업으로 성장했습니다."

그는 대전에서 실패한 것이 아니었다. 오히려 대전에서 씨앗을 뿌렸다. 그러나 그 씨앗이 싹을 틔우고 나무로 자라나는 과정, 즉 스케일업의 단계가 되었을 때 그는 대전을 떠나 예산으로 갔다. 예산시장이 제공하는 인프라와 협력 모델이 그에게는 '다음 단계로 가는 사다리'가 되어주었기 때문이다.

이 장면은 2부에서 반복해 서술했던 구조와 완벽하게 겹친다. '모내기는 대전에서 하고 수확은 서울에서 한다'는 딥테크 기업의 하소연처럼, 청년몰에서도 '모내기는 청년몰에서 하고 수확은 다른 곳에서 한다'는 현실이 나타났다. 대전에서 사업을 시작한 청년이 더 큰 기업가로 성장했는데, 그 결실은 다른 지역에서 맺힌다. 우리가 청년몰이라는 '공간'에만 집착하고, 그 안의 '사람'이 자라나 다음 단계로 나아갈 수 있는 시스템을 갖추지 못한 탓이다. 이런 풍경을 볼 때마다 바람직한 청년 정책이란 것은 어떠해야 하는지에 대해 고민하지 않을 수 없다.

'청년 정책'에 대한 고민

정치인으로서 '청년 정책'을 고민할 때엔 반가운 마음과 함께 고민이 생긴다. 반가운 마음이 드는 이유는 상대적으로 젊은 축에 속하는 내가 청년들을 위한 정책을 고민하

대전 동구 중앙시장에 있었던 청년몰 '청년구단'은 한 방송 프로그램에 소개되며 전국적인 유명세를 타기도 했다. 지금 이곳은 사실상 문을 닫았다. 많은 청년이 꿈을 안고 들어왔지만, 현실의 벽을 넘지 못하고 흩어졌다. 지역구 국회의원으로서 그 텅 빈 공간을 볼 때마다 마음 한구석이 무거웠다. 청년몰이라는 '공간'만이 아니라, 그 안의 '사람'이 자라나 다음 단계로 나아갈 수 있는 시스템을 갖추어야 한다.

는 것이 나름대로 즐겁고 보람된 일이기 때문이다. 위에서 말한 정책 간담회에서 만난 '청년 상인'들 중 몇몇은 실제로 사십 대 초반인 나와 동년배이기도 했다. 대부분의 경우 39세까지로 규정된 '청년'의 기준을 막 벗어난 이들로, 지자체의 연령 규정을 완화해줄 것을 요청하기도 했다.

반면 고민도 함께 생기는 이유는 청년에게 중점적으로 혜택을 주는 '청년 정책'의 필요성에 대해 모든 유권자가 공감하지는 않는 터라 설득의 필요성이 생기기 때문이다. 자녀를 둔 유권자들은 '청년 정책'에 공감할 수 있지만, 가령 청년몰이 들어선 전통시장에서 오래 일해오신 기성세대 자영업자들의 반응이 반드시 좋은 것만은 아니다. 기성세대 자영업자들은 자신들도 먹고살기 어려운데 왜 지원 정책이 청년들을 향해 집중되어야 하는지 납득하기 어려울 수 있다. 그분들을 향해 '청년 상인'들이 시장에 합류하는 것이 시장의 미래에도 도움이 될 거라고 설득하는 것이 바로 정치인의 역할일 텐데, 그 역할을 잘 수행하기가 결코 쉽지 않다. 물론 청년이 정착할 수 있는 지역이어야 미래를 말할 수 있겠다. 하지만 현실이 힘들 때 미래를 대비하는 예산을 따로 두고 대비를 해야 한다는 주장은 한 발 떨어져서 들으면 옳은 말일지라도 이해당사자에겐 와닿지 않을 수 있기 때문이다.

그렇기에 '청년 정책'에 투입되는 예산은 훨씬 더 섬세하게 기획되어야 한다고 믿는다. 청년들에게 창업을 권유하는 프로그램만 해도 그렇다. 단기간에 '상인 몇 명 육성'이란 식의 눈앞의 성과지표에 매몰되다 보면 충분히 준비되지 않은 창업자들이 몇 년의 시간을 허비하고 실패하는 일이 반복될 뿐이다. 그리고 정책이 이런 식으로 구현된다면, 그것은 주변의 상인들에게 '예산 낭비'라고 보일 수밖에 없을 것이다. 실제로도 간담회에 온 청년 상인들은 좀 더 섬세한 창업 교육 및 지원 프로그램이 있었으면 좋겠다는 바람을 드러냈다. "창업을 너무 쉽게 시작하도록 부추기는 정책은 오히려 잔인하다"는 말도 들려왔다. 결국 이러한 고민은 하나의 결론으로 수렴했다. 청년 정책의 핵심은 '시작을 돕는 것'이 아니라, '성장을 책임지는 것'이어야 한다.

복지 정책에서 산업 정책으로, 청년 정책의 패러다임을 바꿔야 한다

"청년도, 청년몰도 함께 늙어가고 있습니다." 이는 그날 간담회장에서 박유진 전국청년상인네트워크 대표가 한 말이다. 맞는 말이다. 청년 상인들은 영원히 청년에 머물 수 없다. 그들도 나이를 먹고, 가정을 꾸리고, 아이를 낳는다.

'청년'이라는 범주에서 벗어나는 순간 '나가라'는 통보를 받는다면, 그것은 정책이 '사람'을 지원해야 할 대상이 아니라 '일회성 실험 재료'로 본다는 뜻이 된다. 이 문제를 넘어서려면 정책의 패러다임을 바꿔야 한다. 지금까지의 청년 상인 정책이 '어렵고 힘든 청년에게 시혜적으로 공간을 빌려주는 복지 정책'에 가까웠다면, 이제는 '지역 경제를 이끌어갈 미래의 경제 주체를 육성하는 산업 정책'으로 전환해야 한다.

첫째, '쫓아내는 졸업'이 아니라 '안착시키는 졸업'이 되어야 한다. 청년몰을 나가는 순간 월세·보증금 폭탄을 맞는다. 이로 인해 순식간에 폐업 위기에 몰리는 구조를 끊어야 한다. '정책 기간 동안 자산을 쌓을 수 있도록 설계된 '도약 적금'과 청년몰과 같은 인큐베이터에서 지역 상권으로 이전할 때 적용되는 '보증금 특례 보증'과 같은 제도는 이 문제에 직접적으로 답한다. 청년 상인이 청년몰에 머무는 동안 미래를 준비할 수 있는 최소한의 시간을 벌어주고, 졸업이라는 이름의 퇴거가 곧바로 파산이나 폐업으로 이어지지 않도록 금융의 완충 장치를 마련하는 일이기 때문이다. 이것은 앞에서 이야기한 '인내 자본'을 골목상권의 언어로 번역하는 작업이다.

둘째, 스케일업을 지원하는 '거버넌스'가 필요하다. 담당 공무원이 바뀔 때마다 정책이 오락가락하는 불안정성을 해소해야 한다. 사람이 바뀌어도 시스템은 돌아가야 한다. 청년 상인을 독립된 정책 주체로 인정하고, 창업 초기 교육부터 성장 단계의 판로 개척, 위기 시의 안전망까지 이어지는 생애주기형 지원 체계를 제도화해야 한다.

셋째, 기존 상권과의 '화학적 결합'을 유도해야 한다. 청년몰을 고립된 섬처럼 만들어서는 안 된다. 전통시장에 청년이 들어오는 것이 기존 상인에게도 이익이 되도록 설계해야 한다. 청년이 들어와 상권이 살아나고, 그 결과 시장 전체가 더 많은 지원과 기회를 얻는 구조가 만들어지면, 청년몰은 갈등의 씨앗이 아니라 상생의 촉매가 될 수 있다.

나는 이날 간담회에서 청년몰 문제를 '민원'으로 다루지 않겠다고 말했다. 이 문제는 청년 한 사람이나 상인 한 사람이 해결할 수 있는 사안이 아니라 구조의 문제이기 때문이다. 청년 상인들 역시 이 문제가 하나의 단위에서 풀리기 어렵다는 것을 잘 이해하고 있었다. 그래서 간담회에선 유난히도 '거버넌스'라는 말이 많이 나왔을 것이다. 나는 청년-상인-지자체-국회의원이 함께 움직이는 4자 거버넌스를 제안했다. 정책의 일몰을 막는 힘은 예산만이 아니라 연결이다. 그리고 그 연결을 만드는 것이 정치의 역할이기 때문이다. 그날 이후 청년몰 문제는 개별 민원의 차원을 넘어, 대전이라는 도시가 성장을 어떻게 책임질 것인가라는 질문으로 확장되었다.

돈은 많은데 사다리는 없다, 벤처투자 40조 원, 국민성장펀드 100조 원 시대의 역설

이 문제는 비단 골목상권만의 문제가 아님은 앞에서 충분히 설명한 바 있다. 나는 국회 산업통상자원중소벤처기업위원회 위원으로서 '거대한 국가적 숫자'와 '현장의 미세한 절규' 사이의 간극을 매일 마주한다.

이재명 정부는 국정과제로 '벤처투자 40조 원 시대'와 '국민성장펀드 100조 원 조성'이라는 야심 찬 목표를 제시했다. 현재 약 12조 원 수준인 벤처투자를 40조 원으로 늘리고, 전략 산업에 100조 원을 쏟아붓겠다는 계획이다. 하지만 그 돈이 실제로 대전의 연구실이나 골목의 청년 사장님에게까지 닿을 수 있는 파이프라인은 아직까지 보이지 않는다. 서울의 벤처 캐피털과 대기업들은 그 자금을 흡수할 준비가 되어 있지만, 지역은 그 거대한 자본을 담을 그릇이 없다. 결국 돈이 풀려도 그 돈은 다시 '기존의 혈관'으로만 흐를 공산이 크다. 국정과제가 실질적인 효과를 내기 위해서는 그 파이프라인에 대한 기획과 설계가 필요하다.

청년몰에서 청년에게 필요한 것은 '다음 단계로 갈 보증금'이듯, 대전의 기업에게 필요한 것도 '다음 단계로 갈 인내 자본'이다. 문제는 동일하다. 돈의 총량이 아니라, '다음 단계로 연결하는 사다리'가 문제인 것이다.

그래서 나는 2부에서 다뤘던 충청권산업투자공사 같은 제도, 도심융합특구 같은 공간 정책이 결국 같은 목적을 향한다고 생각한다. 지역이 스스로 기획하고 운용할 수 있는 주도권(심장)이 없다면, 100조 원이 풀려도 지역은 '체감'할 수 없다. 청년몰이 공간을 제공했지만, 성장 사다리를 마련하지 못해 청년이 떠나듯, 국가가 돈을 풀어도 지역이 그 돈을 성장으로 전환할 구조가 마련되어 있지 않으면 지역은 계속 떠나보내는 도시가 된다.

답을 찾기보다 질문을 던지는 정치, '왜 떠나는가'를 물어라

정치의 역할은 무엇인가. 나는 종종 대학 시절 들었던 질문을 떠올린다. '여러분은 여러분만의 질문을 해본 적이 있습니까?' 우리는 주어진 문제의 '정답'을 빠르게 맞히는 훈련을 받아왔다. 그러나 정치의 본질은 이미 정해진 답을 향해 달려가는 것이 아니라, '질문을 바꾸는 것'일지도 모른다.

'청년몰에 입주한 청년을 어떻게 도울까'라는 질문은 대체로 지원금과 공간 제공이라는 답밖에 내놓지 못한다. 그러나 질문을 바꾸면 구조가 보인다. '청년이 성장해서 나갈 곳이 왜 없는가'라고 묻는 순간, 도시의 임대차 구조와 자본 시스템의 문제가 보인다. '어떻게 기업을 유치할까'가 아니라 '기업이 성장할 때 왜 대전을 떠나는가'를 묻는 순간, '스케일업'이라는 진짜 문제가 보인다. 모든 문제 안에는 합당한 답이 있기 마련이다. 그러니 정작 중요한 것은 이 시대의 문제를 풀어갈 해법을 찾는 '올바른 질문'인 셈이다.

청년몰에서 쫓겨나는 청년들에게 단기 월세를 지원해 주는 '쉬운 답' 대신, 그들이 지역에서 자산을 형성하고 기업가로 성장할 수 있는 사다리를 놓으려면 어떻게 할 것인가를 물으려 한다. '벤처투자 40조 원'이라는 숫자에 취하는 대신, 그 돈이 지역의 혈관을 타고 힘차게 흐르게 할 '펌프'를 어떻게 지을지를 물으려 한다. 즉답을 찾기 어렵겠지만, 바로 이러한 질문이 바로 '젊은 대전'으로 이어지는 올바른 질문이기 때문이다.

실패할 기회, 다시 도전할 사다리

청년몰에서 쫓겨나는 청년들의 뒷모습에서 나는 우리

도시의 미래, 나아가 대한민국의 미래가 쫓겨나는 모습을 본다. 지역에서 실패할 기회마저 부족하다는 말이 왜 나오는지, 이 장면들은 너무 선명하게 보여준다. 서울에는 넘어져도 다시 일어날 수 있는 네트워크가 있고, 실패해도 또 다른 기회가 있다. 그러나 지역에서는 한 번의 실패가 곧 낙오로 이어진다는 두려움이 청년을 떠나게 만든다.

청년몰 문제는 '골목상권의 민원'이 아니라, '성장의 사다리가 없는 도시의 구조 문제'다. 그 구조 문제를 해결하는 일이 곧 정치의 몫이다. 정책은 공간을 만들 수 있지만, 지속 가능한 연결을 만드는 것은 결국 정치의 몫이다. 청년·상인·지자체·국회의원이 연결될 때, 그때 비로소 도시는 '사람이 자라는 방식'을 갖추게 된다.

예산으로 떠난 막걸리 청년이 다시 대전으로 돌아와 분점을 내고 싶어 하는 도시, 실패한 경험이 재도전의 자산으로 인정받는 도시. 우리가 꿈꾸는 '젊은 대전'은 결국 그런 도시다. 그것은 청년을 위한 시혜가 아니라, 대전이라는 도시가 스스로 먹고살기 위해 반드시 갖춰야 할 생존 전략이다. 그리고 우리는 왜 그러한 일이 대전에서 가능하다고 여기는지를 다시 한번 물어야 한다.

7장

+ 왜 우리는 대전을 택했는가

"일사 후퇴 때 피난 내려와 살다 정든 곳 두메나 산골,
태어난 곳은 아니었지만 나를 키워준 내 고향 충청도"

전주만 들어도 마음이 편안해지는 노래, 가수 조영남의 〈내 고향 충청도〉의 도입부 가사다. 오랫동안 한화 이글스의 응원가로 쓰이며 대전 시민들의 사랑을 받아온 곡이기도 하다. 나는 이 노래에서 "태어난 곳은 아니었지만 나를 키워준 내 고향"이라는 소절을 들을 때마다 가슴 한구석이 뭉클해지는 푸근함을 느끼곤 한다.

한국의 지역색은 보통 배타적인 혈연이나 지연을 강조하기 마련이다. 하지만 충청도, 그중에서도 대전은 다르다. 이주민에게도 곁을 내어주고, 타지에서 온 사람도 기꺼이

'내 고향'이라 부를 수 있게 허락하는 곳이다. 한국의 다양한 지역성 중에서도 '개방성'과 '포용'을 이토록 전면에 내세우는 곳은 충청도밖에 없는 것 같다. 물론 나는 대전에서 태어났고 이 노래는 황해도에서 태어나 예산으로 이주했던 가수 조영남의 개인사가 투영된 것일 테다. 하지만 이주민이 부른 이주민의 노래가 지역을 대표하고, 그 지역의 야구팀을 상징하는 응원가가 되었다는 사실 자체가 대전이라는 도시의 성격을 웅변한다.

이주민들을 위한 '내 고향 충청도'

충청도는 과연 어떤 곳인가. 타지 사람들은 흔히 충청도 사람들에 대해 '속을 알 수 없다'고 혀를 내두르곤 한다. 정치 행사를 치러보면 강연자들이 가장 진땀을 빼는 곳도 대전과 충청도다. 영호남에서는 청중의 반응이 즉각적이다. 좋으면 환호하고, 싫으면 야유를 보낸다. 그러니 강연자는 자신이 잘하고 있는지 여부를 금세 알 수 있다. 하지만 충청도 청중은 대부분의 경우 조용하다. 그 '무반응'이 긍정인지 부정인지, 혹은 깊은 경청인지 도통 해석할 길이 없어 애를 먹는다고 한다.

하지만 나는 그 침묵 속에 충청도 특유의 미학이 있다고 믿는다. 그것은 무관심이 아니라, 섣불리 판단하지 않고 상대를 지켜보는 '유보의 지혜'다. 다시 말해 충청도의 '무반응'은 일종의 안전장치인 셈이다. 말이 앞서면 관계가 깨지고, 한 번 관계가 깨지면 다시 회복하기 어렵다는 것을 본능적으로 아는 지역이기 때문이다. 그래서 충청도는 누군가를 먼저 밀어내기보다 시간을 주고, 말을 한 번 더 눙친다. "태어난 곳은 아니었지만 나를 키워준 내 고향"이라는 표현이 가능해지는 지역성은 바로 여기서 나온다. 이주민에게 친절한 것은 정서가 아니라 관계를 오래 유지하는 기술이다.

대전은 한때 '노잼 도시'라 불리기도 했다. 하지만 아이러니하게도 충청도는 수많은 개그맨을 배출한 '해학의 고장'이다. 날 선 직설화법 대신 한 번 눙치며 넘어가는 여유, 상대를 곤란하게 하지 않으면서도 뼈 있는 농담을 던지는 그 넉넉한 품이야말로 갈등이 첨예한 현대 사회에 가장 필요한 덕목이 아닐까.

대전은 이 충청도의 기질을 바탕으로 하되, 또 다른 독특한 위상을 가진다. 원래 충청도의 주요 도시는 조선 시대에는 충주, 청주, 공주, 홍성 등이었다. 대전은 흔히 1905년 경부선 철도 부설과 함께 탄생한 근대 계획도시로 이해된다. 그래서 누군가는 대전을 충청도의 전통과는 동떨어진

'뿌리 없는 신도시'로 오해하기도 한다. 실제로 대전은 충청도 사투리가 심하지 않고, 전국 팔도의 사람들이 섞여 사는 표준어의 도시이기도 하다.

대전이 '신도시'로 보이는 이유는 출발이 철도였기 때문일 테다. 그러나 철도는 그 자체로 도시를 만들지 않는다. 철도는 사람을 모으고, 그렇게 모인 사람들이 도시를 만든다. 대전은 '근본 없는 신도시'가 아니라, 충청의 품 안에서 이주민을 받아들이며 융합을 거듭해온 도시다. 그래서 대전의 정체성은 전통과 근대의 중간에 있다. 이 중간성이 때로는 '특색 없음'으로 오해되기도 한다. 하지만 나는 이 중간성이야말로 대전이 국가 전략을 실험할 수 있는 가장 좋은 조건이라고 생각한다. 그래서 나는 대전이야말로 충청도의 '포용성'이라는 본질을 가장 잘 계승하여, 그것을 현대적인 '융합'으로 발전시킨 도시라고 생각한다. 대전은 근본 없는 신도시가 아니라, 충청이라는 너른 그릇 위에 전국의 이주민들이 모여 새로운 문화를 빚어낸 '용광로' 같은 도시다.

생각보다 아주 오래된 대전

그렇다면 대전은 철도가 놓이면서 우연히 '만들어진

땅'인가? 아니면 필연적으로 '선택받은 땅'인가? 그 답을 찾기 위해서는 시계를 훨씬 더 앞으로 돌려볼 필요가 있다. 대전 서구 둔산동. 오늘날 정부대전청사가 위용을 뽐내고, 빽빽한 아파트 숲과 백화점, 학원가가 즐비한 대전의 심장부다. 그런데 1991년, 이 화려한 신도시를 건설하기 위해 굴착기가 땅을 파헤쳤을 때, 그 차가운 콘크리트 바닥 아래에서 누구도 예상치 못한 뜻밖의 흔적이 쏟아져 나왔다. 바로 '둔산선사유적지'다.

그곳에서는 한꺼번에 구석기, 신석기, 청동기 시대의 유적이 고루 발굴되었다. 한 장소에서 이토록 긴 시간의 인류 흔적이 중첩되어 나온 사례는 국내 고고학계에서도 매우 드문 일이었다. 조사 결과 청동기 시대 집터 세 곳, 신석기 시대 움집터와 구덩이, 빗살무늬토기 조각, 그리고 뗀석기 등 구석기 유물 50여 점이 확인되었다. 이는 이 지역이 아주 오랫동안 사람들이 마을을 이루고 정착해 살았던 공간이었다는 걸 보여준다. 이 유적은 복원되어 '둔산선사유적공원'으로 조성되었고, 그 가치를 인정받아 1992년 대전광역시 기념물 제28호로 지정되었다.

이것이 의미하는 바는 명확하다. 수만 년 전, 문명이 태동하기도 전부터 인간은 본능적으로 이곳을 '살기 좋은 땅'으로 선택했다는 사실이다. 갑천이 굽이치며 만들어낸 비

둔산 신도시를 개발하던 중 그곳에서 구석기, 신석기, 청동기 시대의 유적이 한꺼번에 발굴되었다. 한 장소에서 이토록 긴 시간의 인류 흔적이 중첩되어 나온 사례는 국내 고고학계에서도 매우 드문 일이었다. 조사 결과 청동기 시대 집터 세 곳, 신석기 시대 움집터와 구덩이, 빗살무늬토기 조각, 그리고 뗀석기 등 구석기 유물 50여 점이 확인되었다. 이는 이 지역이 아주 오랫동안 사람들이 마을을 이루고 정착해 살았던 공간이었다는 걸 보여준다. 다시 말해 대전은 본래부터 사람들이 모여들어 삶을 꾸리고 문명을 쌓아 올리기에 가장 적합한, 검증된 그릇이었다. (출처: 연합뉴스)

옥한 토양, 거친 비바람을 막아주는 얕고 포근한 구릉, 그리고 풍부한 물. 이곳은 수렵과 채집을 하던 원시 인류에게도, 정착 농경을 시작한 고대 인류에게도 최적의 삶터였다.

둔산의 빌딩 숲 사이, 마치 시간이 멈춘 듯 자리 잡은 둔산선사유적공원을 거닐 때마다 나는 생각에 잠긴다. 대전의 잠재력은 일제강점기의 철도 부설이나 1993년 엑스포 같은 근대의 기획으로 갑자기 생겨난 것이 아니다. 이곳은 본래부터 사람들이 모여들어 삶을 꾸리고 문명을 쌓아 올리기에 가장 적합한, 검증된 그릇이었다.

대전이 '특색 없는 도시'라고 자조 섞인 농담을 하기도 듣기도 하지만, 역설적으로 그 '무난함'과 '평온함'이야말로 수만 년 동안 인류가 이곳을 선택해온 가장 강력한 경쟁력이다. 큰 재해가 없고, 물자가 풍부하며, 어디로든 통하는 땅. 둔산선사유적지는 대전이 억지로 만들어진 인공 도시가 아니라, 인류의 생존 본능이 선택한 필연적인 도시였음을 웅변하고 있다. 요컨대 대전의 잠재력은 어떤 정책이 '발명'한 것이 아니라, 사람들이 반복해서 선택해온 '연결 가능한 땅'에서 비롯된 것이다.

대전역, 근대 도시 대전의 출발점

선사 시대부터 이어온 '살기 좋은 땅'의 잠재력이 폭발적으로 분출된 계기는 역시 1905년 경부선 대전역의 개통이었다. 한적한 시골 마을이었던 '한밭'은 철도라는 근대의 혈관이 연결되면서 비약적인 성장을 거듭했다. 철길을 따라 사람이 몰려들었고, 역 주변에는 거대한 시장이 들어섰다. 비로소 근대 도시의 골격이 갖추게 되었다.

그런데 이 대전역은 단순한 정거장이 아니었다. 경부선과 호남선이 갈라지는 분기점이 되면서, 대전은 내륙의 작은 마을에서 단숨에 교통·행정·상업의 중심지로 변모했다. 전국 각지에서 모여든 사람들은 대전역을 중심으로 짐을 풀었고, 섞였고, 새로운 삶을 시작했다. 이렇듯 대전은 '철도'가 낳고, '연결'이 키운 도시다.

지금도 대전역은 하루 철도 이용객 6만 명이 오가는 대한민국 철도망의 심장이다. 가왕 조용필의 노래 〈대전 부르스〉의 애달픈 이별, 잠시 정차하는 틈을 타 후루룩 먹어야 했던 가락국수의 추억, 그리고 철도원들이 모여 살던 관사촌의 풍경까지. 대전역은 대전이라는 도시의 기억과 정체성을 고스란히 품고 있는 거대한 박물관이자, 여전히 펄떡이는 심장이다. 이 도시가 태생적으로 '연결의 도시'였다는

1905년 경부선 대전역의 개통되면서 한적한 시골 마을이었던 '한밭'은 철도라는 근대의 혈관이 연결되면서 비약적인 성장을 거듭했다. 그런 의미에서 대전역은 단순한 정거장이 아니었다. 경부선과 호남선이 갈라지는 분기점이 되면서, 대전은 내륙의 작은 마을에서 단숨에 교통·행정·상업의 중심지로 변모했다. 전국 각지에서 모여든 사람들은 대전역을 중심으로 짐을 풀었고, 섞였고, 새로운 삶을 시작했다. 이렇듯 대전은 '철도'가 낳고, '연결'이 키운 도시다. (출처: 연합뉴스)

사실은, 이미 100년 전 대전역의 기적소리와 함께 이 땅에 깊이 새겨져 있었다.

역은 단지 '이동의 기능'이 아니라 '도시의 기억을 저장하는 장치'다. 대전역을 중심으로 형성된 시장과 골목은 '근대의 첫 번째 밀도'였고, 그 밀도는 지금도 도시의 잠재력을 설명하는 언어가 된다. 2부에서 우리가 '연결이 곧 혁신'이라고 말했을 때, 그 연결은 새로 만들어지는 것이기도 하지만, 대전의 경우 오래된 연결을 다시 살리는 일이기도 하다. 대전역은 '과거의 연결'이 '미래의 연결'로 변환될 수 있는 거의 유일한 매개점이다.

철도의 시대가 다시 돌아오고 있다는 말은 단지 교통 시스템의 변화를 이야기하는 것이 아니다. 산업이 이동하는 방식, 사람이 정착하는 방식, 도시가 밀도를 만드는 방식이 함께 바뀐다는 뜻이다. 경부고속도로가 '화물 트럭의 시대'를 열었다면, 고속철도와 광역철도는 '공간을 접어 달리는 시대'를 연다. 이 변화의 한복판에 대전역이 있다. 대전은 본질적으로 '연결로 태어난 도시'였고, 연결이 다시 혁신의 조건이 되는 시대에 다시 한번 선택받을 수 있는 자리로 돌아온다.

'붉은 여왕'의 도시, 멈춰버린 시간을 넘어

서장에서도 밝혔듯이, 나의 기억 속 대전은 '성장하는 도시'였다. 1993년 대전 엑스포는 우리 세대에게 일종의 집단적 기억이자 자부심이었다. 엑스포를 준비하며 도시는 매일 바뀌었고, 국립중앙과학관과 꿈돌이 동산, 그리고 정부대전청사가 들어오며 둔산이 천지개벽했다. 대전은 대한민국의 그 어느 도시보다 빠르게 미래로 달려가는 듯했다.

그러나 2000년대 이후, 대전은 묘한 정체감에 빠져들었다. 도시는 쇠락하지 않았다. 하지만 그렇다고 폭발적으로 성장하지도 않았다. 나는 이것을 '붉은 여왕 효과'(Red Queen Effect)*라고 부르고 싶다. 《거울 나라의 앨리스》에 나오는 '붉은 여왕'의 말처럼, "제자리에 있고 싶지 않으면 죽어라 뛰어야 하는" 상황 말이다. 대전은 열심히 뛰고 있었지만, 시대의 변화 속도도 그만큼 빨랐다. 결과적으로 대전이라는 도시는 제자리에 머물러 있는 듯한 답답함을 주었다.

* '붉은 여왕 효과'(Red Queen Effect)는 1973년 시카고대학의 진화학자 리 밴 베일론(Leigh Van Valen)이 생태계의 쫓고 쫓기는 평형 관계를 묘사한 개념이다. 루이스 캐럴의 작품 《거울 나라의 앨리스》에서 주인공 앨리스가 처한 상황에 생태계의 원리를 빗댄 것으로 유명하다.

대전의 정체감은 '아무것도 안 해서'가 아니라, '열심히 했는데도 결과가 모이지 않아서' 생긴다. 연구는 연구대로, 행정은 행정대로, 상권은 상권대로 따로 움직였다. 도시가 스스로 성장하는 힘이 아니라, 외부에서 내려오는 사업을 소화하는 힘으로 버텨왔기 때문이다. 그래서 도시는 분명 변화했는데도, 그 각각의 성장이 도시 전체의 성장 서사로 묶이지 못했다. 나는 이것이 대전이 다시 질문을 던져야 하는 이유라고 생각한다. 이제는 '열심히 하는 도시'가 아니라, '방향을 가진 도시'가 되어야 한다.

대전은 오랫동안 '프로젝트 도시'였다. 중앙 정부의 사업이 내려오면 성실하게 수행했고, 계획이 바뀌면 다시 그 계획에 맞춰 움직였다. 그러나 프로젝트는 늘 '기간'이 있다. 그러나 도시의 성장에는 '지속성'이 필요하다. 대전이 제자리걸음처럼 느껴진 이유는 역량이 부족해서가 아니라 도시의 에너지가 하나의 방향으로 묶이지 못했기 때문이다. 그래서 지금 대전이 필요한 것은 또 하나의 프로젝트가 아니라, 서로 다른 프로젝트들을 하나의 성장 서사로 꿰어내는 비전과 정치적 설계다.

과거에는 서울보다 쾌적하고 살기 좋은 과학도시였지만, 이제는 무언가 활력을 잃고 늙어가는 도시. 대전역 뒤편, 70~80년 전 풍경이 그대로 박제된 듯한 낙후된 골목들을 보며 나는 생각했다. '선택받은 땅'이었던 대전이 이제는 '선택해야 하는 땅'이 되어야 한다고! 과거의 유산으로 버티는 것이 아니라, 새로운 엔진을 달아야 한다!

그럼에도 희망은 있다. 여전히 대전은 '충청도의 오랜 넉넉함'과 '현대 신도시의 역동성'이라는 양면성을 품고 있다. 대한민국 정치가 양극단으로 치달으며 분열할 때도, 대전은 어느 한쪽에 맹목적인 지지를 보내지 않았다. 대전 사람들은 당이 아니라 '사람'을 본다고 말한다. 이것은 단순한 비정치성이 아니라, 중심을 잡고 상황을 관망하며 최선의 답을 찾으려 하는 대전만의 균형 감각이다. 이 도시에는 여전히 다양한 성향의 사람들을 품고 융합해낼 수 있는 역량이 살아 숨 쉬고 있다. 대전은 오랜 역사적 기질로부터, 그리고 지난 1세기 동안 형성된 사회적 경로를 통해, 융합과 연결의 도시가 될 수 있는 가능성을 품고 있다.

대전의 현재와 강점

이 책의 앞선 장들에서 우리는 대전의 현재를 집요하게 파고들었다. 그리고 하나의 분명한 결론에 도달했다. 대전은 '결핍'의 도시가 아니다. 오히려 너무 많은 것을 가지고 있는 '과잉'의 도시다.

대전은 상장사 66개 중 바이오 기업이 30개(45.5%)를 차지하고, 기술특례상장 바이오 기업만 19개로 전국 최고 수준이다. 카이스트와 대덕연구단지라는 두뇌, 30여 개 출연연과 수천 대의 첨단 연구 장비, 바이오·반도체·우주 항공 등 미래 산업의 씨앗들, 그리고 서울 다음으로 촘촘한 기술인력의 밀도까지 갖추고 있다. 내가 만난 수많은 전문가들은 입을 모아 말했다. "대전은 기술 창업을 하기에 대한민국에서, 아니 세계적으로도 손꼽히는 인프라를 갖춘 도시다."

나는 이 강점들을 '자원'이라고 부르고 싶지 않다. 자원은 캐고 쓰면 끝난다. 대전이 가진 것은 자원이 아니라 '구조'다. 연구소와 대학, 기업과 인력, 장비와 데이터가 이미 얽혀 있다. 지금 해야 할 일은 없는 것을 만드는 일이 아니라, 이미 있는 것을 서로 만나도록 설계하는 일이다. 그러니 대전의 미래는 무에서 유를 만드는 것이 아니라, 흩어진 것을 모으는 방식으로 훨씬 더 빠르게 열릴 수 있다.

문제는 '존재'가 아니라 '연결'이었고, '기술'이 아니라 '성장 구조'다. 기술은 대전에서 태어나지만, 기업이 되어 성장하려 하면 대전을 떠난다. 자본은 서울에 있고, 정책은 초기 지원에만 머물러 있기 때문이다. 그래서 지금까지의 대전은 수많은 혁신의 '출발지'였을지언정, 그 과실을 수확하는 '도착지'는 되지 못했다. 우리가 풀어야 할 숙제는 바로 여기에 있다.

대전에서 정치를 한다는 것

나는 대전에서 나고 자랐지만, 대학에 진학한 이후 서울로 떠났던 '출항 청년'이었다. 국회 보좌진 생활을 하면서 정치에 대한 꿈을 키우면서 다시 한번 내가 태어난 지역의 현실을 깊이 고민하게 됐다. 특히 내가 선택한 지역구인 대전 동구는 대전역이라는 거대한 잠재력을 품고 있으면서도, 가장 발전이 지체된 곳이었다. 나는 어려서부터 승부욕이 강한 아이였다. 고향도 좋지만, 무엇보다 내가 좋은 역할을 할 경우 크게 바꾸어낼 수 있는 지역이 좋다고 생각했다.

동구는 대전의 과거가 가장 많이 남아 있는 곳이기도 하다. 대전역과 소제동, 낡은 골목과 철도 변두리, 오래된 상권과 생활의 층위가 겹겹이 쌓여 있다. 그래서 이곳은 '정치의 효능감'이 가장 극명하게 드러나는 곳이다. 잘하면 변화가 보이고, 못하면 정체가 그대로 드러난다. 나는 대전의 미래를 이야기하면서도 대전의 과거를 외면할 수 없다고 생각했다. 동구는 바로 그 과거와 미래가 충돌하는 접점이다.

대전에서 정치를 한다는 것은 무슨 의미일까. 단순히 의원직을 유지하며 지역 민원을 처리하고, 서울에서 내려오는 예산을 따오는 '자판기' 역할에 머물러서는 안 된다고 생각했다. 나는 질문을 던지는 정치를 꿈꿨다. 청년몰에서 쫓겨나는 청년들, 스케일업 단계에서 판교로 떠나는 딥테크 기업들, 섬처럼 고립된 연구단지. 이 모든 현상은 개별적인 문제가 아니라 하나의 거대한 질문으로 수렴한다. "왜 대전은 사람과 기업을 성장 단계에서 붙잡지 못하는가?"

이 질문은 대전이기에 가능한 질문이다. 서울은 모든 것을 빨아들이기에 이런 고민을 할 필요가 없고, 다른 지방 도시들은 인프라 자체가 부족해 이런 질문조차 사치일 수 있다. 오직 대전만이 이 질문을 던지고 답을 찾음으로써, 대한민국의 새로운 미래 모델을 제시할 수 있다.

대전은 이미 한 번 성장했고, 한 번 정체했다. 지금은 다시 질문을 던질 시점에 와 있다. 기술의 도시, 연결의 도시, 그리고 질문의 도시다. 그래서 우리는 대전을 택했다. 이곳에서 던진 질문은 결국 대한민국 전체를 향한 질문이 될 수 있기 때문이다.

갈등을 넘어 공존으로, 소제동 관사촌의 실험

변화를 선택한다는 것은 필연적으로 갈등과 마주한다는 뜻이다. 내가 대전에서 정치를 시작하고 마주한 가장 상징적인 사건 중 하나가 '소제동 철도 관사촌'을 둘러싼 갈등이었다. 소제동은 일제강점기 철도 기술자들이 살던 관사들이 남아 있는, 시간이 멈춘 마을이었다. 재개발 바람이 불면서 이곳은 폭풍의 눈이 되었다. "수십 년간 이 썩은 집구석에서 불편을 감수하며 살았다. 다 밀어버리고 아파트를 지어야 한다"는 원주민들의 절규는 생존권의 문제였다. 반면, "대전의 근대 역사를 증명하는 마지막 유산을 보존해야 한다"는 문화계와 청년 창업가들의 주장은 정체성의 문제였다.

양쪽의 입장은 너무나 첨예했다. 원주민에게 낡은 적산가옥은 지긋지긋한 가난의 상징이었지만, '힙한' 거리를 꿈꾸며 들어온 이들에게는 대체 불가능한 보물이었다. 행정은 무기력했다. 계획된 도로는 관사촌 한가운데를 관통하게 되어 있었고, 그대로라면 관사촌은 흔적도 없이 사라질 운명이었다.

나는 이 갈등의 한복판에 뛰어들었다. 도시계획위원회가 열리기 전날 밤, 나는 부시장과 담판을 지으며 거의 난

동에 가까울 정도로 매달렸다. "이대로 다 밀어버리면 대전의 과거도, 미래의 가능성도 함께 밀려버리는 겁니다." 정치가 할 일은 한쪽의 승리를 만드는 것이 아니라, 두 세계가 함께 살 수 있는 '조건'을 다시 설계하는 일이라고 믿었기 때문이다.

우리는 '제3의 길'을 찾아야 했다. 그것은 양쪽 주장을 반반씩 섞는 기계적 중립이 아니었다. 복잡한 이해관계를 우회하여 접점을 찾는, 고차방정식을 푸는 일이었다. 치열한 조율 끝에 우리는 합의안을 만들어냈다. 도로의 선형을 변경하고, 역사적 가치가 높은 관사 일부를 보존 구역으로 남기면서, 나머지 구역에는 주민들이 염원하던 아파트 개발을 허용했다. 일부 관사는 공원으로 이전하고, 문화와 상업, 주거가 공존하는 설계를 도출했다.

그 결과가 무엇인가? 지금 대전의 명물이 된 '빵 축제'가 열리면 발 디딜 틈 없이 사람들이 몰려드는 핫플레이스, 바로 '소제동'이다. 만약 그때 우리가 갈등이 두려워 싹 밀어버렸다면, 지금의 소제동은 특색 없는 아파트 단지가 되었을 것이다. 반대로 주민들의 고통을 외면하고 보존만 고집했다면, 그곳은 원망이 서린 박제된 공간이 되었을 것이다. 나는 지금 고층 아파트 숲 사이에 보석처럼 박혀 있는 소제동 관사촌이 이 지역의 숨통을 틔워주는 '문화적 허파'

역할을 하고 있다고 확신한다. 혁신도시와 도심융합특구, 재개발로 대전역 일대가 빌딩 숲으로 바뀐다면 그 가치는 더욱 빛날 것이다.

소제동 관사촌의 사례는 내게 '대전의 정치'가 나아가야 할 방향을 명확히 보여주었다. 과거(관사촌)를 품으면서 미래(개발과 상권)로 나아가는 것. 갈등을 회피하지 않고 집요하게 파고들어 '공존의 묘'를 찾아내는 것. 나는 이 경험을 통해 확신하게 되었다. 정치란 갈등을 덮는 기술이 아니라 갈등을 통과해 '도시의 다음 질문'을 세우는 기술이라는 것을.

우리는 대전을 선택했다. 둔산의 선사인들이 그랬듯, 철도를 따라온 근대의 사람들이 그랬듯, 그리고 지금 소제동 골목을 채우는 청년들이 그러하듯. 이 도시는 여전히, 그리고 앞으로도 선택받을 가치가 있는 땅이다. 이제 우리는 이 선택을 증명해내야 한다. 멈춰버린 '붉은 여왕'의 도시를 다시 뛰게 만들기 위해, 대전의 질문이 어떻게 대한민국의 전략이 될 수 있는지 다음 장에서 그 구체적인 통합의 지도를 그려보려 한다.

대전역 뒤편의 소제동은 일제강점기 철도 기술자들이 살던 관사들이 남아 있는, 시간이 멈춘 마을이었다. 이곳에 재개발 바람이 불면서 이곳은 폭풍의 눈이 되었다. 개발과 보존을 외치는 시민들 간의 갈등이 첨예하게 대립했다. 그때 나는 이 갈등의 한복판에 뛰어들었다. 그 과정에서 '대전의 과거도, 미래의 가능성도 함께 살릴 수 있는 방안'을 찾으려고 노력했다. 그 결과, 지금 대전의 명물이 된 '빵 축제'가 열리면 핫플레이스가 되었다. 바로 이것이 정치가 맡아야 할 역할이라는 교훈을 다시금 얻었다. (출처: 연합뉴스)

이제
정치가 나설 차례

+ 세종 행정수도의 명확한 한계
+ 대전-충남 통합과 그랜드 충청 구상
+ 산업화와 민주화 유산의 화학적 결합
+ 수도권을 대체할 '신(新)수도권' 선언
+ 추격자(Fast Follower) 시대의 종언
+ 대전의 질문, 대한민국의 답이 되다

4부

행정기관만 옮긴다고 수도가 완성되지는 않는다. 대전의 과학·산업과 세종의 행정, 충남·북의 확장이 결합할 때 비로소 수도권에 맞설 수 있는 힘이 생긴다. 우리는 '그랜드 충청'이라는 새로운 국가 구조를 제안한다. 이것은 수도권을 복제하는 것이 아니라, 견제하고 대체하는 두 번째 중심을 세우는 일이다. 남을 따라가는 추격의 시대를 끝내고, 대전이 먼저 새로운 표준을 제시한다. 대전의 질문이 대한민국의 답이 되는 거대한 실험은 이제 시작이다.

8장

+ 대전-충남 통합으로 시작하는 그랜드 충청의 미래 구상

나는 요즘에도 종종 노무현 정부 시절 헌법재판소가 '관습헌법'이란 해괴한 논리로 행정수도 이전을 방해하지 않았다면 어떤 세상이 왔을지를 생각해보곤 한다. 2000년대 초반의 시점에 수도권 1극 구조를 벗어나려는 시도가 소기의 성과를 거두었다면, 2015년 이후부터의 출산율 급락을 막을 수도 있었을 거라 생각하기 때문이다. 하지만 노무현 대통령이 만약에 그러한 업적을 이루었다 하더라도, 사람들이 노무현 대통령의 선택이 그러한 결과를 이끌어냈다는 사실을 알아채기는 어려웠을 것이다.

2000년대 초반, 행정수도가 이전됐더라면

옛 중국의 명의인 편작에 관한 설화가 전해온다. 편작에게는 두 형이 있었다고 한다. 사람들은 편작을 가장 뛰어난 의사로 칭송했지만, 정작 편작 자신은 이렇게 말했다고 한다. "사실 가장 뛰어난 의사는 큰형이고, 그 다음이 둘째 형이며, 나는 세 형재 중 가장 못한 의사다." 사람들이 그 이유를 묻자 편작은 다음과 같이 설명했다.

"큰형은 병이 아직 생기기도 전에 사람의 기색과 징후를 알아보고 고친다. 그래서 사람들은 그가 병을 고쳤다는 사실조차 모른다. 둘째 형은 병이 막 초기에 나타났을 때 치료한다. 그래서 사람들은 '가벼운 병을 잘 다루는 의사' 정도로만 안다. 나로 말할 것 같으면 병이 이미 심각해진 뒤에야 알아보고 치료한다. 피를 뽑고, 침을 놓고, 큰 처방을 써서 사람을 살린다. 그래서 사람들은 나를 높이 떠받든다."

편작의 일화가 일깨우는 것은 '예방의 중요성'이라기보다는 '우리가 능력을 평가하는 방식이 얼마나 왜곡되었는가'이다. 사회는 병을 없앤 사람보다 병을 드라마로 만든 사람을 기억한다. 병을 드러나게 고칠수록 명성은 커지지만, 진짜 실력은 병이 겉으로 드러나지 않게 만드는 데 있다. 오늘날 노무현 대통령의 한미FTA 추진 및 성사와 국방

력 강화 등의 굵직굵직한 업적들도 어느 정도는 재조명되고 있다. 하지만 여전히 반대 진영은 그 업적의 영향력을 무시하거나 축소한다. 하물며 행정수도 이전으로 인해 출산율 하락의 기울기가 완만해졌다고 해도 반대 진영 사람들은 그것을 업적이라 여기지 않았을 것이다. 오히려 노 대통령의 재임 기간 동안 출산율이 낮아진 것을 두고 그의 잘못된 정치의 탓이라고 비난했을 것이다.

'좋은 정치'라는 것도 그리 높게 평가받지 못한 편작의 두 형들처럼 괄시당하는 측면이 있다. 정말로 좋은 정치를 하면 사람들은 그 공로를 잘 알지 못한다. 불행히도 지금 대한민국은 2000년대 초반이라는 호기를 놓쳤다. 비유하자면 이미 큰 병이 도져 편작의 드라마틱한 치료를 받아야 하는 형국이 된 셈이다. 늦기는 했지만, 개선을 위한 노력을 하지 않을 도리가 없다. 다시 한번, 우리는 정치를 통해 1극 구조를 다극 구조로 바꾸는 작업을 해야만 한다.

세종시 조성 20년에 대한 냉정한 평가

세종 행정수도 완성 논의가 다시 수면 위로 떠오르고 있다. 이재명 정부는 '세종 행정수도 완성'을 국정과제로 명시했다. 이에 따라 대통령 집무실과 국회의 단계적 이전 역시 더 이상 가설이 아니라 일정표의 문제로 다뤄지고 있다. 지난 20년간 멎었던 수도 이전 논의가 다시 움직이기 시작한 것이다. 이재명 정부는 최근 '대전-충남 통합안'을 제시하기도 했다. 그러나 지금 필요한 질문은 단순하지 않다. "행정기관을 어디로 옮길 것인가"가 아니라, "국가의 중심이 어디에서, 어떤 방식으로 작동할 것인가"를 설계하고 기획해야 하기 때문이다.

세종시에는 지난 20년간 막대한 국가적 자원이 투입되었다. 도로와 주택, 공공시설은 새것이고 행정 기능은 집중되어 있다. 그런데도 세종은 아직 '자생적인 도시'가 되지 못했다. 도시의 활력은 행정의 밀도만으로 만들어지지 않는다. 문화, 산업, 교육, 소비, 창업 그리고 사람이 서로 얽히며 만들어내는 리듬이 있어야 한다. 세종은 행정기관 이식에는 성공했지만, 도시로서는 아직 성장 중인 상태다.

더 큰 문제는 세종이 충청권 전체에 활력을 제공하는 엔진이 되지 못했다는 점이다. 오히려 주거 인프라와 공공기관의 흡수 효과로 인해 대전과 인근 충청권 도시들의 인구와 기능을 빨아들였다. 결과적으로 충청권 전체의 에너지를 분산시키는 결과를 낳기도 했다. 생활권의 중심은 여전히 대전에 있는데, 주거와 행정 인프라는 세종으로 이동하면서 도시의 기능이 찢어진 상태가 된 것이다.

이 지점에서 우리는 지난 20년의 세종을 냉정하게 돌아볼 필요가 있다. 세종은 충분히 비옥한 토양과 물을 공급받았다. 하지만 정작 씨앗은 제한적이었다. 행정은 성장의 기반이 될 수는 있어도, 스스로 성장의 엔진이 되기는 어렵다. '행정도시'는 완성되었지만, '수도'로서의 생명력은 아직 충분히 형성되지 않았다는 뜻이다.

그래서 이제 논의의 출발점은 '세종 행정수도 완성'이 아니라 '그랜드 충청(Grand Chungcheong)의 재설계'여야 한다. 행정 기능의 이전이 국가 균형 발전의 제로섬 게임이 되지 않도록 하기 위해서는, 수도 이전이 특정 도시의 성장에 그치지 않고 국가 전체의 성장축을 이동시키는 계기가 되어야 한다. 이를 위해서는 행정, 주거, 산업, 문화, 교육이 한 몸처럼 작동하는 완전한 자족도시 권역이 필요하다.

대전-충남 통합안 구상의 필요성

그 출발점이 바로 '대전-충남 통합'이다. 대전과 충남은 이미 하나의 생활·경제권으로 움직이고 있다. 출퇴근, 소비, 산업, 교육의 동선은 행정 경계를 무의미하게 넘나든다. 대전 서구에서 근무하는 청년이 논산이나 계룡에 거주하고, 서해안 인근 공장에서 일하는 노동자가 주말에는 대전의 병원과 문화시설을 이용한다. 기업의 공급망 역시 대전의 연구소, 천안·아산의 제조 라인, 당진·서산의 물류 항만을 하나의 흐름으로 묶어 움직인다.

현실이 이러한데도 이 흐름은 '비공식적 연결'에 머물러 있다. 행정은 분절되어 있고, 재정은 분산되어 있으며, 정책은 제각각 집행된다. 다시 말해 생활은 이미 통합되었지만, 전략은 아직 통합되지 않은 상태다. 대전-충남 통합이 필요한 이유는 바로 여기에 있다. 이미 존재하는 연결을 제도와 전략으로 끌어올리지 못하면, 이 연결은 언제든 수도권으로 흡수될 수밖에 없다. 통합은 새로운 것을 만드는 일이 아니라 이미 존재하는 하나의 권역을 비로소 하나의 전략 단위로 확정하는 일이다.

따라서 대전-충남 통합은 단순한 행정구역 개편이 아니다. 그것은 수도 이전을 가능하게 만드는 '도시의 몸체'를 먼저 만드는 일이다. 세종이 행정의 심장이라면, 대전은 기술과 산업의 심장이다. 나아가 충남은 제조와 확장의 기반이다. 이 세 축이 분리된 채로는 수도 서울을 대체할 수도, 견제할 수도 없다. 그러나 이 축들이 하나의 권역으로 묶일 때, 대한민국은 처음으로 수도권에 대응 가능한 두 번째 국가 중심을 갖게 된다.

지금까지의 수도 이전 논의가 번번이 좌절된 이유도 여

기에 있다. 행정 기능만 옮겨서는 국가의 중심이 이동하지 않는다. 수도는 행정기관의 건물이 모인 공간이 아니라, 사람이 살고 일하고 창업하고 실패하고 다시 도전하는 공간의 총합이기 때문이다. 대전-충남 통합은 바로 그 공간을 먼저 완성하자는 전략적 제안이다.

우리는 대전-충남 통합이 왜 세종 행정수도 완성의 전제가 되어야 하는지, 그리고 이것이 어떻게 '그랜드 충청'이라는 새로운 국가 성장 구상을 가능하게 하는지를 살펴봐야 한다. 이는 단순한 지방 행정 개편의 문제가 아니라, 대한민국이 다음 단계로 도약할 수 있는 거의 유일한 전략적 선택지에 대한 이야기다. 단지 대전이 새로운 수도가 되기 위해서가 아니라, 대한민국이 미래로 가기 위해 대전이 필요해진 이유를 설명해야만 한다.

충청의 지정학적 재발견

이 제안의 핵심은 대전-충남 통합이 그 자체로 궁극적인 목표가 아니라는 것이다. 이것은 시작일 뿐이다. 우리의 궁극적인 목표는 충청권 전체가 힘을 합쳐 수도권으로의 쏠림에 대항하고, 나아가 수도권을 대체할 수 있는 '신(新) 수도권'을 건설하는 것이다.

대한민국은 지금 심각하게 기울어져 있다. 인구, 자본, 권력 모든 것이 수도권이라는 블랙홀로 빨려 들어가고 있다. 지방소멸은 '경계경보'가 아니라 '실제 상황'이다. 이 기울어진 운동장을 바로잡을 유일한 대안은 무엇인가? 그것은 국토의 허리이자 코어 근육인 '충청'을 바로 세우는 것이다. "충청이 서면 대한민국 전체가 선다"는 말은 단순한 구호가 아니다.

왜 지금 충청인가? 대전과 충남은 국토의 물리적 정중앙이다. 이 사실은 이제까지 여러 사람이 지겹도록 강조해왔다. 하지만 지금 시점에서 더 중요한 것은 충청이 '네트워크의 중심'이기도 하다는 사실이다. 충청은 수도권과 영남, 호남을 잇는 '결절점'(node)이다. 수도권의 발전이 국토를 북쪽으로 기울게 만드는 하중(荷重)이라면, 충청권의 발전은 전 국토로 활력을 퍼뜨리는 '방사형 시너지'(Radiant Synergy)의 원천이 된다.

지금까지 대한민국의 성장 전략은 늘 '수도권에서 얼마나 멀리 떨어져 있는가'를 기준으로 지역을 분류해왔다. 그러나 네트워크의 시대에 중요한 것은 거리보다 연결의 방향성이다. 충청권은 수도권과 영남, 호남을 단순히 이어주는 통로가 아니라, 세 방향의 흐름이 교차하고 재배열되는 결절점이 되어야 한다.

수도권 중심의 발전은 국토를 한쪽으로 기울게 만드는 하중이라면, 충청권 중심의 발전은 그 하중을 사방으로 분산시키는 구조다. 수도권의 성장이 '집중'을 통해 효율을 얻는 방식이었다면, 충청권의 성장은 '분산된 연결'을 통해 지속 가능성을 확보하는 방식이다. 이 차이를 이해하지 못하면, 대전-충남 통합은 단순한 지역 이기주의로 오해받을 수밖에 없다. 그러나 충청이 서는 순간, 수도권의 부담은 줄고 남부권과 서부권은 숨통을 트게 된다. 이것이 대전-충남 통합이 단지 충청의 문제가 아니라 국가 전체의 균형 문제인 이유다.

대전-충남 통합은 충청권이 더 이상 수도권의 배후지나 변방의 '지방'이 아니라, '또 하나의 중심'으로 서겠다는 선언이다. 남부권과 수도권을 아우르는 가교이자, 국가 성장의 새로운 엔진으로서 소명을 다하겠다는 의지다.

'메가시티'를 넘어 '신수도권'으로

우리에겐 확장의 전략이 필요하다. 나는 대전-충남 통합안에서 멈추지 말고, 통합의 불씨를 지체 없이 충북과 세종으로 옮겨 붙여야 한다고 제안한다. 대전, 충남, 충북, 세종이 하나 된 '그랜드 충청' 구상이 바로 그것이다.

우리의 목표는 단순한 행정 체계의 결합이 아니다. 서울·경기 중심의 '구(舊)수도권'에 대항하고, 이를 대체할 수 있는 '신(新)수도권'으로 구조를 재편하는 것이다. 인구 560만 명, 경제 규모, 인프라 모든 면에서 서울에 의존하지 않고 독자적 생존이 가능한 '초광역 경제권'을 구축해야 한다. 이것만이 지방이 소멸하지 않고 살아남을 수 있는 유일한 길이다.

지금까지 논의된 메가시티 구상들은 대부분 '규모의 확대'에 머물렀다. 인구를 합치고, 행정구역을 넓히고, 광역 교통망을 잇는 방식이다. 그러나 규모만 커진 도시가 반드시 강해지는 것은 아니다. 오히려 전략과 기능이 분산된 거대 도시는 위기 앞에서 더 취약해질 수도 있다.

내가 말하는 '신수도권'은 인구 수의 문제가 아니라 역할 분담이 명확한 권역을 의미한다. 대전은 기술과 연구의 중심, 세종은 행정과 정책의 중심, 충남과 충북은 제조와 확장의 기반이 되는 구조다. 각 도시가 수도권의 복제판이 되는 것이 아니라, 서로 다른 기능을 수행하며 하나의 생태계를 이루는 방식이다. 이 구조가 성립될 때 비로소 충청권은 수도권을 따라가는 제2의 수도권이 아니라, 수도권과 경쟁·보완 관계에 놓이는 또 하나의 중심이 된다.

대전과 세종, '행정수도'를 넘어 '진짜 수도'로

그렇다면 이 '그랜드 충청'의 심장은 어디인가? 바로 '대전'과 '세종'이다. 세종 행정수도 완성의 한계와 대전의 역할을 냉정하게 들여다보자. 세종시 단독으로는 한계가 명확하다. 행정 기능은 갖췄을지 몰라도 교육, 문화, 산업이라는 '자족 기능'이 부족하다. 공무원들이 퇴근하면 썰물처럼 빠져나가는 도시, 주말이면 텅 비는 도시로는 '수도'가 될 수 없다. 여기에 대전의 역할이 있다. 대전이 가진 탄탄한 정주 여건, 축적된 과학기술 역량(대덕특구), 풍부한 문화 인프라가 세종의 행정력과 결합해야 한다.

우리는 '행정수도 완성'이라는 소극적 목표를 넘어서야 한다. 청와대와 국회, 그리고 국가의 비전이 완전히 이동하는 이른바 '천도'(遷都)를 준비해야 한다. 대전과 세종은 신수도권의 심장으로서 관공서만 있는 건조한 도시가 아니라 사람이 살고 싶고 딥테크 기업이 모여드는 '진짜 수도'가 되어야 한다. '천도의 비전'은 단지 기능의 분산이 아니라 중심의 이동을 꿈꾼다.

수도는 관공서의 집합이 아니다. 수도란 국가의 의사결정이 이루어지는 공간이자, 그 결정을 실행하는 사람들이 살아가는 공간이다. 퇴근 후 불이 꺼지는 도시, 주말이면 비어버리는 도시는 수도가 될 수 없다. 그것은 행정단지일 뿐이다.

세종은 행정 효율을 위해 설계된 도시다. 그러나 도시는 효율만으로 유지되지 않는다. 실패가 가능해야 하고, 우연한 만남이 있어야 하며, 비생산적인 여백 속에서 문화와 산업이 자라나야 한다. 이 역할을 세종 단독으로 감당하기에는 구조적 한계가 분명하다. 바로 이 지점에서 대전이 필요해진다. 대전은 이미 그런 여백과 밀도를 동시에 가진 도시다. 연구소와 대학, 원도심과 신도시, 오래된 골목과 신산업이 공존한다. 세종의 행정력이 대전의 생활성과 결합될 때, 우리는 비로소 '행정수도'가 아니라 사람이 살 수 있는 '진짜 수도'를 상상할 수 있다.

'그랜드 충청' 비전 실현을 위한 3단계 로드맵

나는 이 거대한 비전을 실현하기 위해 다음과 같은 3단계 로드맵을 제안한다.

1단계는 통합과 기반 조성의 과정으로 대전-충남의 행정 통합 및 광역교통망을 조성하는 시기다. 우선 현재 진행중인 대전-충남 통합을 성공적으로 안착시켜야 한다. 이와 동시에 충청권 광역철도망 등 물리적 연결을 가속화하여 하나의 생활권으로 묶어내는 기반을 다져야 한다.

2단계는 충북·세종을 포함하는 충청권 전체의 통합 과정이다. 대전-충남 통합의 동력을 바탕으로 행정 경계를 허물고, 충북과 세종을 포함한 '충청 신수도권' 단일 행정 체계 논의를 본격화해야 한다.

이후 3단계는 완전한 수도 이전으로 천도를 완성하는 과정이다. 대전-세종을 중심으로 국가 중추 기능을 완전히 이전해야 한다. 대전의 딥테크 산업과 세종의 국가 행정이 융합된, 글로벌 경쟁력을 갖춘 명실상부한 대한민국 수도를 완성해야 한다.

이 로드맵은 공상적 미래 계획이 아니다. 이미 상당 부분 조건을 갖추고 있다. 광역교통망은 착공 단계에 들어섰고, 세종 국회의사당과 대통령 집무실 이전 역시 시간표 위에 올라 있다. 문제는 의지와 방향이다.

지금 이 시기를 놓치면, 수도 이전은 다시 행정 기능의 분산 수준으로 축소될 가능성이 크다. 반대로 지금 통합과 재설계를 시작한다면, 우리는 처음으로 수도 이전을 국가 구조 전환의 계기로 만들 수 있다. 이 선택은 기성 정치의 관성으로는 감당하기 어렵다. 그래서 이 과제는 젊은 정치의 몫이다.

미래는 기다리는 것이 아니라 만드는 것

대전-충남 통합은 끝이 아니라 시작이다. 우리의 목표는 충청권 전체가 대한민국의 새로운 중심이 되는 것이다. 행정수도를 넘어, 대한민국을 이끌어갈 '진짜 수도'를 대전과 세종, 그리고 충청이 함께 만들어갈 것이다. 이것이 젊은 정치인 장철민이 그리는, 그리고 이재명 정부가 함께 열어갈 대한민국의 다음 페이지다.

대전-충남 통합은 지방 행정의 기술이 아니라 국가 구조를 바꾸는 질문의 첫 실행이다. 대전-충남 통합은 단지 행정지도를 다시 그리는 일이 아니다. '어디에 수도를 놓을 것인가'라는 오래된 논쟁을, '어떤 구조로 국가를 다시 움직일 것인가'라는 질문으로 바꾸는 첫 실행이다. 이제 남은 것은 이 질문이 충청권 내부의 구호에 머무르지 않고, 대한민국 전체의 성장 방식으로 확장될 수 있는지 검증하는 일이다. 그 검증이 곧 다음 장에서 다룰 '대전의 질문'이다.

9장

대전의 질문이 대한민국의 답이 될 수 있을까

"여러분은 여러분만의 질문을 던져본 적이 있습니까?"

대학 1학년, 종교학 수업에서 정진홍 교수님은 이런 질문을 던지셨다. 이 물음은 이후 내 인생을 관통하는 화두가 되었다. 우리는 정해진 답을 찾는 훈련에는 익숙하다. 서울로 가는 법, 시험에 합격하는 법, 남들이 선호하는 직장에 들어가는 법 등등. 하지만 정작 스스로 문제를 정의하고, 세상에 없던 질문을 던져본 적은 얼마나 있었던가.

지금 대전이 처한 상황, 그리고 대한민국이 처한 위기 앞에서 나는 다시 그 수업 시간을 떠올린다. 지금까지 우리는 '서울'이라는 거대한 정답지를 베끼기에 급급했다. 어떻게 하면 서울처럼 될 수 있을까? 어떻게 하면 서울의 낙수 효과를 좀 더 받을 수 있을까? 하지만 이제 우리는 이렇게 질문을 바꿔야 한다. "왜 우리는 서울의 뒤만 쫓아야 하는가? 대전의 방식이 대한민국의 새로운 표준이 될 수는 없는가?"

추격의 시대가 가고, 롤모델 없는 시대가 왔다

우리는 오랫동안 '빠른 추격자'(Fast Follower) 전략으로 괄목할 만한 성장을 이루어왔다. 그런 까닭에 이 전략에 무척 익숙하다. 산업화 시대에는 일본을, 민주화 시대에는 미국과 유럽을 롤모델로 삼았다. 하지만 이제 그 롤모델은 더 이상 쓸모가 없다. 경남대 사회학과 양승훈 교수 등이 공저한 책 《추월의 시대》(2020, 메디치미디어)를 보면 대한민국은 이미 경제 규모와 시민 의식, 민주주의의 성숙도 면에서 선진국을 추월했거나 어깨를 나란히 하는 단계에 진입했다고 진단한다. 그러면서 공저자들은 이제 대한민국은 '추격의 시대'를 지나 '추월의 시대'로 들어섰다고 진단한다. 이 책의 공저자들은 나와도 동년배인 1980년대생이다. 기존의 정치권을 양분하는 기성세대, 산업화 세대와 민주화 세대와는 다른 후속 세대의 자신감을 확인하게 되어 기분이 좋았다.

이 책은 2020년에 나왔다. 이후 우리는 윤석열 정부 임기 동안 '추락의 시대'를 경험했기 때문에 이 진단이 잘 와닿지 않은 측면이 있다. 하지만 최근 국제사회에서 다양한 K-컬처의 영향력과 한국의 국력에 대한 평판이 날로 높아지는 것을 생각해볼 때, 이 진단 자체는 사실로 받아들여야 한다. 더 이상 윤석열 정부 시기처럼 수준 낮은 정치가 웃자란 경제와 사회의 발목을 잡는 일이 반복되어서는 안 된다.

'추월의 시대'라는 진단의 핵심은 우리에게 더 이상 따라잡기를 할 '롤모델'이 존재하지 않는다는 것이다. 우리가 남의 답안지를 훔쳐보는 것을 멈추고, 우리만의 해법(K-스탠다드)을 내놓아야 한다는 뜻이기도 하다. 지금 우리 사회가 겪고 있는 저출생, 양극화, 지방소멸의 위기는 선진국들조차 겪어보지 못한 전인미답의 문제들이다. '선망국(先亡國)'이라는 자조 섞인 표현처럼, 우리는 매를 먼저 맞고 미래의 문제를 가장 먼저 해결해야 하는 운명에 처해 있다.

우리가 '추월의 시대'에 들어섰다는 진단이 흥미로운 이유는, 그 말이 단지 자부심의 선언이 아니라 '책임의 선언'이기 때문이다. 따라잡을 나라가 없다는 것은 남의 답안지를 훔쳐볼 수 없다는 뜻이다. 이제는 우리 사회가 처음 맞닥뜨리는 저출생, 양극화, 지방소멸의 위기를 '세계 최초'로 풀어내야 한다. 그러니 한국의 미래 전략은 더 이상 서울의 스카이라인을 높이는 데서 나오지 않는다. 한 나라가 하나의 도시국가로 수렴하는 위험을 피하면서도, 국가 전체를 하나의 연결된 생태계로 만드는 방식을 찾아야 한다. 그 '새로운 답안지'의 초안을 쓸 수 있는 도시가 대전이다.

이 거대한 전환기에 '서울'을 베끼는 것은 더 이상 정답이 될 수 없다. 서울조차도 이 새로운 위기 앞에서는 길을 잃고 있기 때문이다. 대전이 던지는 '질문'이 중요한 이유가 바로 여기에 있다. 대전이 제시하는 '과학 기반의 지역 부활' 모델이 성공한다면, 그것은 대한민국을 넘어 전 세계가 참고해야 할 새로운 표준이 될 것이다.

지역 혁신은 자선 사업이 아니라 생존 전략이다

지역 혁신이 생존 전략이라는 말은 지방이 '불쌍하니' 도와줘야 한다는 뜻이 아니다. 오히려 정반대다. 수도권 1극 구조는 지방만을 병들게 하는 것이 아니다. 수도권 역시 병들게 한다. 천정부지로 치솟는 집값, 전쟁 같은 출퇴근길 교통 혼잡, 아이들이 스스로 목숨을 끊도록 내모는 교육 경쟁, 갈수록 커지는 돌봄 부담, 청년의 삶의 질 악화와 불투명한 미래…. 수도권이 효율적이라서 사람이 몰린 것이 아니다. 사람이 몰렸기 때문에 그럭저럭 효율적인 것처럼 보일 뿐이다. 그래서 지역 혁신은 '분배의 윤리'가 아니라 '국가 시스템의 건강을 회복하는 치료'다. 대전이 심장이 되고 충청권이 혈관이 되면, 그 치료 효과는 대한민국 전체로 확장될 수 있다.

그간 우리는 흔히 '지역 균형 발전'을 이야기할 때, 그것을 수도권의 시혜나 배려 차원에서 접근하곤 했다. "지방이 힘드니까 좀 도와주자"는 식으로 이해해왔다. 하지만 부경대 기술경영전문대학원 천동필 교수와의 대담은 이러한 시각이 얼마나 안이한 것인지를 뼈저리게 느끼게 해주었다. 지역 혁신은 배려가 아니라, 대한민국 산업 생태계의 다양성과 생존이 걸린 문제라는 것을 알게 해줬다.

천 교수의 분석에 따르면, 현재 대한민국의 유니콘 기업은 100% 서울 혹은 판교에서 나왔다. 더 심각한 것은 그 업종의 편중이다. 전 세계 유니콘 기업의 40% 이상이 산업용 솔루션이나 딥테크 기업인 반면, 한국의 유니콘 기업은 50% 이상이 플랫폼 기반의 '리테일·커머스(소매·유통)'에 집중되어 있다.

최근 정부가 제시한 '벤처투자 40조 원, 국민성장펀드 100조 원 조성' 같은 거대한 숫자는 그래서 양날의 검이다. 자본의 총량은 늘어나는데, 그 자본이 지역의 성장 단계까지 도달할 구조가 없으면 돈은 늘 수도권의 기존 혈관으로

만 흘러간다. 청년몰에서 청년들에게 부족했던 것이 '공간'이 아니라 '다음 단계로 가는 사다리'였듯, 지역 혁신에서도 부족한 것은 예산이 아니라 성장 구조다. 숫자는 커졌는데 구조가 비어 있으면, 국정과제는 다시 서울의 성장만 촉진하고 지역은 더 약해지는 역설을 낳을 수 있다.

쿠팡, 배달의민족, 무신사 같은 기업들은 훌륭하지만, 냉정하게 말해 내수 시장의 소비자를 기반으로 성장한 플랫폼 기업들이다. 서울이라는 거대 인구 밀집 지역이 있었기에 가능한 모델이었다. 하지만 이 모델은 한계가 명확하다. 내수 시장은 포화 상태이고, 문화권이 다른 해외로 진출하기는 어렵다. 배달의민족이 미국에 간다고 우버이츠를 이기긴 어렵다.

대한민국 경제가 이대로 주저앉지 않으려면, 우리는 '다양성'을 확보해야 한다. 서울이 할 수 없는 것, 수도권의 플랫폼 비즈니스가 아닌 다른 영역의 거인들이 나와야 한다. 산업 다양성의 문제는 '산업 포트폴리오'라는 추상적 표현으로는 잘 와닿지 않는다. 그러나 이것은 국가의 회복력 문제다. 하나의 산업 구조에 과도하게 의존하는 국가는 외부 충격 앞에서 쉽게 흔들린다. 반대로 서로 다른 방식의 혁신 거점이 여러 곳에서 작동하면, 실패는 국지화되고 성공은 확산된다. 지역 혁신은 지방을 살리는 정책이기 이전에, 국가가 실패를 견딜 수 있는 체질을 만드는 정책이다.

천 교수는 일본 홋카이도의 '팜노트(Farmnote)' 사례를 들었다. 낙농업이 발달한 홋카이도의 특성을 살려 소의 질병을 관리하는 AI 기술을 개발한 이 기업은 세계의 모든 낙농 국가로 뻗어나갈 수 있다. 도쿄에서는 도저히 나올 수 없는, 오직 그 지역이기에 가능한 혁신이다. 대전이 가야 할 길도 이와 같다. 대전은 서울처럼 소비자가 많은 도시가 아니다. 대신 우리는 바이오, 반도체, 국방, 우주 항공 기술을 가진 도시, 즉 '생산자'의 도시다. 서울이 소비와 유통의 유니콘 기업을 만들 때, 대전은 기술과 생산의 딥테크 기반 유니콘 기업을 만들어야 한다.

혁신 수도를 넘어 '기술 창업 수도'로, 세계 30위권의 창업 생태계를 향하여

그렇다면 대전은 어떤 목표를 가져야 하는가. 나는 과감하게 '세계 30위권의 창업 생태계'를 목표로 삼아야 한다고 제안한다. 이를 위해 우리는 대전의 정체성을 재정의해야 한다. 지금까지 대전은 '혁신 수도'라고 불렸다. 연구소 안에서 논문과 특허가 쏟아져 나오는 단계, 즉 '혁신'까지는 잘해왔다. 하지만 그것이 '사업화'로, '돈'으로 연결되지 못했다. 이제 대전은 '기술 창업 수도'가 되어야 한다. 서울을 제외하고 기술 창업을 할 수 있는 인프라가 갖춰진 곳은 사실상 대전이 유일하다.

전략은 '선택과 집중'이 핵심이다. 대전시는 현재 우주항공, 국방, 양자, 반도체 등 너무 많은 전략 산업을 나열하고 있다. 이중에서 천동필 교수는 대전이 가장 잘할 수 있고, 한번 뿌리 내리면 쉽게 떠나지 못하는 산업으로 바이오와 AI를 꼽았다. 바이오 산업은 생산 시설과 연구인력이 결합되어야 하므로, IT 기업처럼 노트북 하나 들고 판교로 쉽게 떠날 수 없다. 대전에는 이미 상장된 바이오 기업들이 있고, 카이스트와 한국생명공학연구원이라는 최고의 두뇌 집단이 있다. 여기에 AI를 접목한 '바이오 AI' 딥테크 기업을 집중 육성한다면, 보스턴의 켄달스퀘어 같은 세계적인 클러스터가 불가능한 꿈만은 아니다.

'혁신 수도'와 '기술 창업 수도'의 차이는 간단하다. 혁신은 연구실에서 끝날 수 있지만, 창업은 시장으로 나가야 한다. 연구실에서만 혁신이 생산되면 도시는 '발명'의 도시가 되지만, 그 발명이 기업과 일자리로 이어지지 않으면 도시는 결국 '수도권을 위한 외주 연구소'로 남는다. 대전이 겪어온 지난 20년이 바로 그 딜레마였다. 그러니 대전이 바뀐다는 것은 연구소의 숫자를 늘리는 일이 아니라, 연구-사업화-스케일업-재투자가 한 권역에서 이루어지는 구조를 만드는 일이다. 그 구조가 만들어지는 순간, 대전의 혁신은 더 이상 '모내기'로 끝나지 않는다.

이 과정에서 우리는 한국인의 역사적 DNA를 다시금 주목할 필요가 있다. 《쌀 재난 국가》(2021, 문학과지성사)에서 사회학자 이철승 교수가 분석했듯, 한국의 기적적인 경제 성장의 이면에는 동아시아 특유의 '벼농사 협업 체계'가 있었다. 벼농사는 공동체의 협업이 필수적이면서도, 수확량은 개별 농가의 노력에 따라 달라지는 '협업 속의 경쟁' 시스템이다. 또한 봄에 씨를 뿌리고 가을에 거두기까지 긴 시간을 인내하며 노동력을 집약적으로 투입해야 한다.

대전의 딥테크는 바로 이 '벼농사'를 닮았다. 첨단 과학기술은 현대판 벼농사다. 바이오나 반도체 기술은 '한 방'에 터지는 것이 아니다. 연구원들이 실험실에서 밤을 지새우고, 데이터를 축적하고, 실패를 거름 삼아 오랜 기간 공을 들여야 비로소 결실을 맺는다. 한국인이 가장 잘하는 것, 끈기 있게 기술을 연마하고 협업을 통해 생산성을 극대화하는 그 저력이 가장 잘 발휘될 수 있는 곳이 바로 대전이다.

메이드 인 대전, 신뢰의 브랜드

이 과정에서 우리는 '메이드 인 대전'이라는 브랜드를 확립해야 한다. 단순히 대전에서 만들었다는 원산지 표시가 아니다. "이 기술은 대전의 출연연과 대학에서 검증되었으며, 대전의 연구 장비로 실증되었고, 대전의 자본이 보증한다"는 신뢰의 표지가 되어야 한다.

대전의 출연연과 대학에는 수천억 원에 달하는 고가의 연구 장비들이 있다. 천동필 교수는 이 장비들에 대한 정보를 모아 스타트업들이 유료나 정부 바우처로 쓸 수 있게 지원하자고 제안했다. 이것이야말로 자금이 부족한 대전이 서울을 이길 수 있는 확실한 '비대칭 전력'이다. 서울에는 돈이 있지만, 대전에는 장비와 그것을 다룰 줄 아는 박사들이 있다. 이 자원을 창업 생태계로 끌어들이는 것, 그것이 '메이드 인 대전'의 힘이 될 것이다.

'메이드 인 대전'이 브랜드가 되려면 조건이 있다. 첫째, 대전에서 태어난 기업이 성장 단계에서 대전을 떠나지 않아야 한다. 둘째, 대전이 그 기업의 실패를 흡수할 수 있어야 한다. 셋째, 그 실패가 다음 창업의 자산으로 전환되어야 한다. 다시 말해 '메이드 인 대전'은 원산지 표시가 아니라 성장과 실패를 책임지는 도시의 서명이다. 이 서명이 가능해질 때, 대전은 기술의 원천지일 뿐 아니라 기술의 완성지, 기술의 귀환지가 된다.

더 나아가, 우리는 '스케일업'과 함께 '스케일 DB' 전략을 병행해야 한다. 모든 기업이 유니콘이 되어 세계로 나갈 필요는 없다. 지역의 문제를 해결하고, 지역의 자원을 활용하며 탄탄하게 성장하는 강소기업들이 숲을 이루어야 한다. 이것이 기술 창업 수도 대전의 진정한 모습이다.

여기서 충남의 역할이 다시 중요해진다. 대전이 기술과 인재의 밀도라면, 충남은 제조와 확장의 기반이다. 천안·아산의 제조 벨트, 당진·서산의 물류와 항만, 농식품과 에너지의 기반은 '딥테크 수도'가 공허한 구호로 끝나지 않게 만드는 실물 경제의 옥토이다. 연구가 제품이 되고, 제품이 공급망을 타고 확장되는 과정은 결국 제조와 물류의 힘을 필요로 한다. 그래서 '그랜드 충청'은 대전과 세종의 결합만으로 완성되지 않는다. 충남 그리고 충북이 함께 묶일 때, 비로소 수도권에 대응 가능한 '두 번째 국가 중심'이 현실이 된다.

정치가 답을 해야 할 시간

이 모든 구상, 즉 대전을 수도로 만들고, 딥테크 기반 유니콘 기업을 키우고, 세계 30위권의 창업 생태계를 만드는 일의 끝에는 결국 '정치'가 있다. 기술은 과학자의 몫이고, 사업은 기업가의 몫이지만, 그들이 마음껏 뛰어놀 판을 깔고 끊어진 연결고리를 잇는 것은 정치의 몫이다.

우리는 흔히 대한민국의 역사를 산업화 세대와 민주화 세대의 투쟁으로만 기억한다. 하지만 한국의 성취는 어느 한쪽의 공로가 아니다. 산업화 세대가 구축한 물적 토대 위에서 민주화 세대가 인권과 자유를 피워냈고, 다시 민주화된 사회의 역동성이 경제를 고도화시켰다. 두 세대는 서로를 부정했지만, 사실은 서로가 서로의 디딤돌이었다.

이제 우리는 그 '부정의 역사'를 끝내야 한다. 대전은 그 화해와 통합의 최적지다. 박정희 시대에 조성된 대덕연구단지(산업화의 유산)와 노무현 시대에 기획된 세종 행정수도(균형 발전과 민주화의 유산)가 만나는 지점. 이 두 유산이 화학적으로 결합하여 '충청권 메가시티', 나아가 '신수도권'이라는 미래를 그려내는 곳이 바로 대전이다.

나는 이재명 정부와 함께, 그리고 젊은 정치인으로서 이 과업을 완수하려 한다. 우리는 지금까지 "서울에 가면 성공할 수 있을까?"를 물어왔다. 이제 우리는 묻는다. "대전에서 시작하면 세계를 바꿀 수 있는가?" 나, 장철민은 그 질문에 "그렇다"고 대답하기 위해 정치를 한다. 대전의 질문은 이제 대한민국의 답이 될 것이다.

나는 대전의 질문이 '정책 구호'로 끝나지 않기를 바란다. 질문이 제도가 되고, 제도가 생활이 되고, 생활이 다시 성장을 낳는 선순환이 실제로 작동해야 한다. 대전은 그 실험을 시작하기에 충분히 작고, 동시에 충분히 큰 도시다. 그리고 이 실험이 성공한다면, 그것은 대전의 승리가 아니라 대한민국의 미래가 된다.

대전이 움직이면 대한민국은 다시 젊어질 수 있다. 이 말은 낭만이 아니라 구조의 언어다. 이 책이 던진 질문이 제도가 되고, 제도가 생활이 되고, 생활이 다시 성장으로 이어지는 순간, 대전의 질문은 대한민국의 답이 될 것이다. 나는 이 거대한 변화의 맨 앞줄에, 언제나 대전 시민과 함께 서 있겠다.

대전이 움직이면 대한민국은 다시 젊어질 수 있다. 이 말은 낭만이 아니라 구조의 언어다. 이 책이 던진 질문이 제도가 되고, 제도가 생활이 되고, 생활이 다시 성장으로 이어지는 순간, 대전의 질문은 대한민국의 답이 될 것이다. 나는 이 거대한 변화의 맨 앞줄에, 언제나 대전 시민과 함께 서 있겠다.

오래된 미래,
새로운 수도를 향한 약속

— 불가능을 가능으로 바꾸는 정치의 시간

책을 마무리하며, 나는 다시 한번 정치의 쓸모를 묻는다. 갈등을 조장하고 혐오를 부추기는 것이 정치인가, 아니면 불가능해 보이는 꿈을 현실의 계획으로 바꾸는 것이 정치인가. 우리가 함께 살펴본 '충남-대전-세종-오송 혁신축' 조성과 '딥테크 산업 육성', 그리고 '대전-충남 통합을 통한 신(新)수도권 건설'은 누군가에게는 여전히 허황된 꿈처럼 들릴지도 모른다. "서울 공화국에서 그게 가능하겠어?"라는 냉소와 "지역 간 이해관계 때문에 안 될 거야"라는 체념이 우리 앞을 거대한 벽처럼 막아서고 있다.

하지만 역사는 언제나 불가능을 가능으로 바꿀 때 진보

해왔다. 허허벌판이었던 대덕에 연구단지를 세울 때도, 논밭이었던 세종에 정부청사를 옮길 때도 반대와 냉소는 있었다. 그러나 그 무모해 보이던 도전들이 모여 지금의 대한민국을 만들었다.

나는 이제 우리 세대가 그 바통을 이어받아야 한다고 믿는다. 산업화 세대가 한강의 기적을 만들고 민주화 세대가 민주주의 완성을 이뤄냈다면, 내 세대의 과업은 수도권 1극 구조 타파와 과학기술에 기반한 지역의 부활이다. 이것은 단순히 잘사는 것을 넘어 소멸해가는 대한민국을 살려내기 위한 유일한 조건이다.

이 책에 담긴 구상들은 책장 속에 갇힌 이론이 아니다. 내가 국회에서 법안으로 발의한 '충청권산업투자공사법'이 그 증거이며, 지난 총선에서 충청권 공동 공약으로 이끌어낸 'CTX-a 노선'이 그 약속의 실체다. 나는 이 설계도들을 국회에서, 거리에서, 그리고 앞으로 만날 수많은 현장에서 반드시 현실의 건물로, 철도로, 기업으로 세워낼 것이다.

이 약속은 결코 나 혼자만의 상상으로 만들어진 것이 아니다. 도시와 지방이 공존할 수 있는 '연결의 힘'을 설파해주신 마강래 교수님, 대한민국 산업 지형의 변화를 냉철하게 짚어주신 양승훈 교수님, 대전이 나아가야 할 '기술창업 수도'의 구체적인 로드맵을 그려주신 천동필 교수님,

그리고 딥테크와 인내 자본이라는 대전의 살길을 열정적으로 제언해주신 김판건 대표님께 깊은 감사의 마음을 전한다. 이분들의 통찰이 없었다면 '그랜드 충청'의 밑그림은 완성되지 못했을 것이다.

무엇보다, 척박한 환경에서도 꿈을 포기하지 않고 도전하는 젊은 기업가정신을 가진 창업자 여러분, 청년몰과 전통시장에서 지역 경제의 핏줄을 지키고 있는 상인 여러분, 그리고 아파트 놀이터와 민원 현장에서 만난 대전 시민 여러분의 목소리를 가감없이 담으려 했다. 그런 의미에서 이분들이 이 책의 진짜 저자다. 여러분이 토로한 답답함, 그러면서도 끝내 놓지 않았던 변화에 대한 갈망이 나를 이 길로 이끌었다.

대전의 연구원이 실패를 두려워하지 않고 창업에 도전하는 도시, 세종의 공무원이 대전의 문화와 호흡하며 정책을 입안하는 도시, 충남의 공장에서 만들어진 첨단 제품이 전 세계로 뻗어나가는 도시. 그리하여 청년들이 더 이상 서울행 기차표를 끊지 않아도 꿈을 이룰 수 있는 도시. 그 새로운 수도의 모습이 바로 나와 우리가 그리는 대전과 충청의 미래다.

미래는 기다리는 자의 것이 아니라, 만들어가는 자의 것이다. 나는 대전과 충청 주민 여러분과 함께, 그리고 변화를 갈망하는 모든 국민과 함께 이 길을 뚜벅뚜벅 걸어갈 것이다. 우리가 함께 꿈꾸고, 설계하고, 행동하면 그것은 이미 현실이다. 대전의 질문이 대한민국의 정답이 되는 그날까지, '설계자' 장철민의 정치는 멈추지 않을 것이다.

다시, 젊은 대전

충청이 이끄는 대한민국

초판 1쇄 발행 2026년 1월 19일

지은이 장철민
펴낸이 김현종
기획총괄 배소라 **출판본부장** 안형태
책임편집 에디터스랩 **편집** 최세정 진용주 김수진 장진경
디자인 푸른나무 **마케팅** 김예리 신잉걸
방송사업·미래전략본부 정태준 문상철 이주리 백범선 남궁주철

펴낸곳 (주)메디치미디어
출판등록 2008년 8월 20일 제300-2008-76호
주소 서울특별시 중구 중림로7길 4
전화 02-735-3308 **팩스** 02-735-3309
이메일 medici@medicimedia.co.kr **홈페이지** medicimedia.co.kr
페이스북 medicimedia **인스타그램** medicimedia
유튜브 medici_media

ISBN 979-11-5706-522-6 (03340)